AMELIE LOHMANN

Börle und die Welt der Gefühle

EIN MITMACHBUCH FÜR KINDER

Alle Ratschläge in diesem Buch wurden vom Autor und vom Verlag sorgfältig erwogen und geprüft. Eine Garantie kann dennoch nicht übernommen werden. Eine Haftung des Autors beziehungsweise des Verlags für jegliche Personen-, Sach- und Vermögensschäden ist daher ausgeschlossen.

Email: info@edition-lunerion.de
www.edition-lunerion.de

Psiana eCom UG
Berumer Str. 44
26844 Jemgum

INHALTSVERZEICHNIS

Die Besonderheiten des Morfs

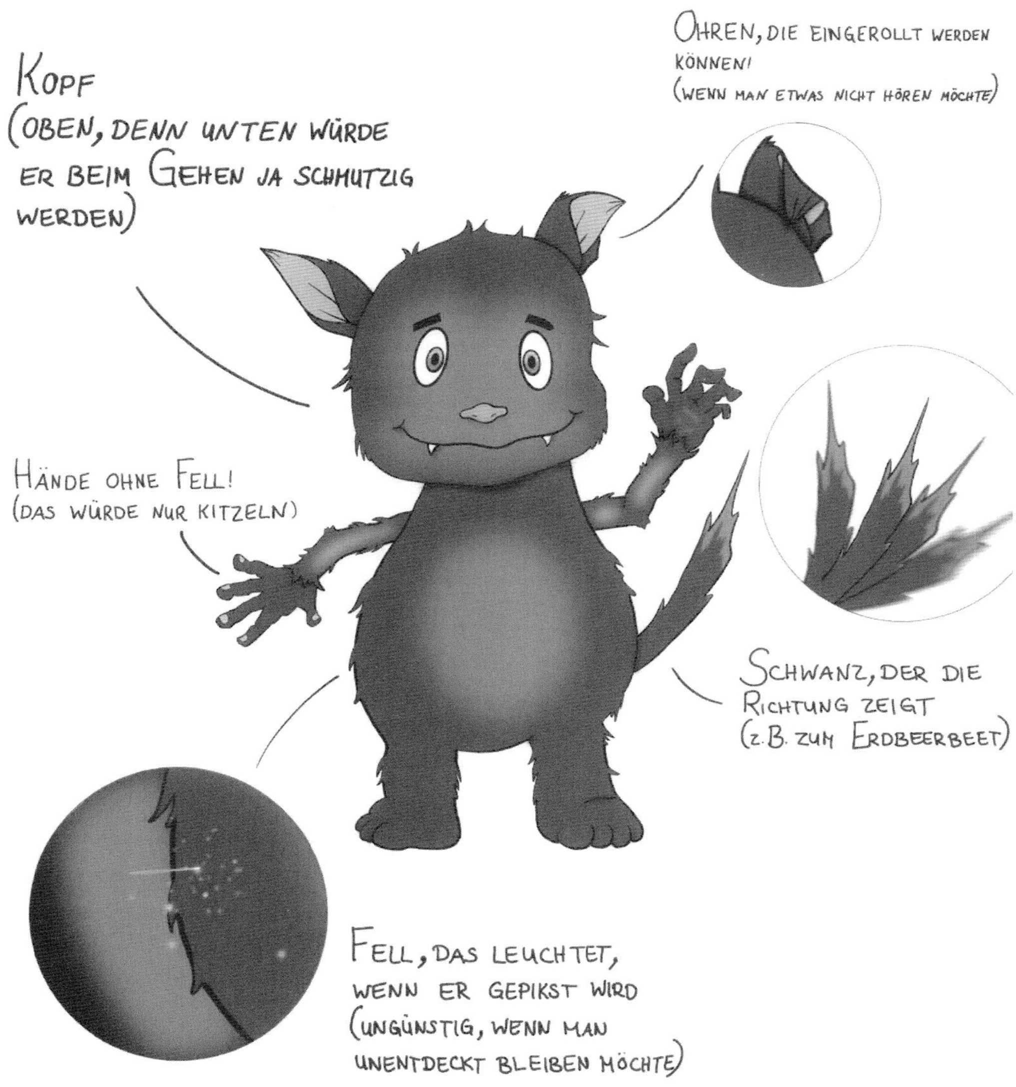

Flüssige Sonnenstrahlen

Es ist der erste Tag im Frühling, als drei Brüder durchs Morfenland spazieren. Börle und Jammie waren schon ihr ganzes Leben lang Brüder. Sie sind zwei blaue Morfe und ganz genauso aus dem Boden geschlüpft wie jeder andere Morf vor ihnen. Sie leuchten, wenn etwas sie pikst, weil das bei jedem Morfen so ist. Ihre Schwänze können ihnen den Weg zeigen, sodass sie sich niemals verirren, und ihre Ohren rollen sich ein und lassen keinen Laut hindurch, wenn sie etwas nicht hören wollen. Furdel hingegen, der Dritte im Bunde, ist erst später ein Bruder geworden. Er ist kein Morf, sondern ein Tronk. Seine glatte, grün schimmernde Haut kühlt niemals aus, wenn er sich mit dem Gel einschmiert, welches aus seinen Stacheln am Rücken kommt. Das ist besonders praktisch, denn so kann er auch in eisigem Wasser schwimmen, ohne zu frieren. Und weil Tronke das Wasser nun einmal lieben, haben sie Schwimmhäute zwischen den Fingern und Flossen statt Füße. Furdel ist vor einiger Zeit im Winter kurz vor Weihnachten zum Bruder von Jammie und Börle geworden. Er war alleine und hatte sich ganz und gar nicht wohlgefühlt – obwohl Tronke eigentlich von Natur aus gern alleine sind. Aber Furdel wollte nicht alleine sein. Als er zu den Morfen gestoßen ist, war die Sache klar. Furdel mochte zwar vollkommen anders aussehen als die Morfe, dennoch sollte er ein Teil der Familie werden. Denn eine Familie muss nicht gleich aussehen, eine Familie wächst im Herzen.

Und schwuppdiwupp wurde er zum Bruder von Jammie und Börle gemacht. Seitdem sind die Brüder unzertrennlich. Immer wieder erinnern sie sich gerne daran, wie sie sich kennengelernt haben. „Weißt du noch, als du hinter dem Schneemorfen hervorgekommen bist?“, fragt Börle. Furdel muss kräftig lachen, kann er sich doch noch sehr gut an das Gesicht des kleinen Morfen erinnern. Und weil die Geschichte so schön ist, muss Börle sie zum einhundertsiebenunddrölfzigsten Mal erzählen.

„Jammie, es war wirklich urkomisch. Damals ist der erste Schnee heruntergekommen. Wir hatten Schneemorfen gebaut. Erinnerst du dich?“, fragt Börle. Jammie verdreht lachend die Augen. Natürlich hätte er sich auch erinnert, wenn er die Geschichte nicht schon zum einhundertsechsunddrölfzigsten Mal gehört hätte. „Und dann habe ich meinem Schneemorfen einen wunderschönen guten Tag gewünscht.

Du glaubst gar nicht, wie ich geguckt habe, als der Schneemorf mir geantwortet hat", Furdel zwinkert Börle zu, „Nur, dass der Schneemorf eigentlich ich war. Ich habe hinter ihm gestanden, als ich gehört habe, dass jemand kommt. Ich wusste ja nicht, ob es ein Freund oder ein Feind sein würde." Börle hält sich lachend die Augen zu: „Und ich habe schon an mir selbst gezweifelt. Ich habe mich gefragt, wie ein Schneemorf plötzlich sprechen kann. Und dann habe ich Furdel gesehen und wir ..."

Jammie unterbricht seinen Bruder, der nun wirklich ins Reden gekommen ist. Und wenn Börle erst einmal ins Reden gekommen ist, dann bekommt man ihn da gar nicht mehr so einfach heraus. „Was haltet ihr davon, wenn wir einen Frühlingstrorfen bauen?", fragt Jammie. Börle und Furdel sehen ihren älteren Bruder mit großen Augen an. Der muss kichern, als er die beiden Gesichter sieht: „Auch, wenn ihr noch so unterschiedlich seid, könnt ihr beide gleich dusselig gucken." Nun stemmen die beiden Jüngeren zeitgleich die Hände in die Seiten. Als sie sehen, wie ähnlich sie sich sind, müssen sie ebenfalls kichern.

„Aber nun erzähl doch endlich", fordert Börle Jammie auf, „Was soll das sein? Dieser Frühlingstrorf?" Jammie schüttelt den Kopf: „Ich hätte wirklich gedacht, ihr kommt von selbst darauf. Wir können keine Schneefigur bauen, weil es endlich Frühling geworden ist ..." Börles Augen leuchten auf, denn er weiß genau, worauf sein Bruder hinauswill. Und das ist eine wunderbare Idee. Als Börle sich umsieht, erkennt er nämlich, dass die Natur um ihn herum ganz genauso aussieht, wie er sich fühlt. Lange haben die Bäume unter dem Schnee geschlafen, die Blüten im Boden darauf gewartet, neu zu sprießen. Die vielen Farben haben sich unter der weißen Schneeschicht versteckt und krabbeln nun langsam und vorsichtig hervor. Ganz genauso geht es Börle, dessen Gefühle ebenfalls eine Weile geschlafen hatten. Doch mit den warmen, goldenen Sonnenstrahlen sind auch sie wieder erwacht und bereit, sich zu zeigen.

„... Aber wir können etwas Schönes aus den Sachen bauen, die wir finden können. Und da dachte ich an eine Mischung aus Tronk und Morf – Trorf", ergänzt Jammie. Börle und Furdel klatschen aufgeregt in die Hände. „Das klingt aber wirklich ganz besonders spannend", Börles Schwanz beginnt aufgeregt, auf und ab zu wippen – noch so eine Morfeneigenschaft. Furdel hingegen hüpft mit dem ganzen Körper auf und ab und klatscht sich fröhlich in die Hände.

Kurzerhand suchen die drei Kinder alles, was sie finden können. Sie sammeln Blüten und Blätter und feuchte Erde und Gräser und Zweige und Baumrinde und noch vieles mehr. Sie bauen eine Fußflosse und einen Fuß mit Zehen, zwei Arme und Hände – eine mit und eine ohne Schwimmhäute. Eine Seite des Frühlingstrorfen wird durch das Gras eher grünlich, die andere durch schöne Blüten bläulich. Die Figur bekommt einen Schwanz UND Stacheln, was es noch nie zuvor gegeben hat. Auf dem Kopf befindet sich ein kleines spitzes Morfenohr und ein noch kleineres rundes Tronkenohr. Während die Kinder den Frühlingstrorfen bauen, lachen sie, erzählen, singen und tanzen. Hätte ihnen jemand zugesehen, er hätte geschworen, noch nie zuvor etwas

Glücklicheres gesehen zu haben. „Ich bin so schrecklich fröhlich!“, ruft Börle, als er sieht, wie der Frühlingstrorf am Schluss aussieht. „Es hat noch nie zuvor etwas Schöneres gegeben, oder?“, fragt er. Börle sieht seine Brüder an und seine Augen funkeln mit denen der beiden anderen um die Wette. Börle spürt, wie sich in seinem ganzen Körper ein wunderbares Gefühl ausbreitet. Wie flüssiges Sonnenlicht schwappt es von seinen kleinen spitzen Ohren über den Kopf, den lachenden Mund und die aufgerissenen, glänzenden Augen, läuft am Rücken und Bauch hinunter, über den Popo, die Beine und Füße. Börle versteht, was die Sonne im Frühling tut. Genauso, wie sie jetzt durch seinen Körper schwappt, erwärmt sie die Erde. Sie lässt alles wachsen und leben und ganz genauso spürt Börle das Leben in diesem Moment. Er sieht staunend an sich herunter. Müsste er von dem Sonnenlicht nicht ganz golden glänzen? Doch dann fällt ihm etwas auf: Das flüssige Sonnenlicht läuft gar nicht außen herunter – es ist in ihm.

„Schau mal“, meint Börle und öffnet weit den Mund, doch Jammie und Furdel können rein gar nichts sehen. „Ich leuchte golden von innen, richtig?“, Börle öffnet erneut den Mund, doch Jammie weiß bereits, was sein kleiner Bruder meint. Er erklärt: „Ich kenne das Gefühl, das du meinst. Es ist Freude. Es fühlt sich an, als wäre dir von innen ganz warm und kuschelig. Als würdest du von innen heraus leuchten und das Leuchten wäre um dich herum.“ Börle nickt. Ganz genau so fühlt es sich an. Und wenn es Freude ist, was dieses Leuchten ausmacht, dann möchte er von nun an immer und immer Freude fühlen. Denn das fühlt sich richtig schön an!

MITMACHÜBUNG FREUDE

Freude ist ein wirklich schönes Gefühl. Börle hat sie tief in sich gespürt und sie ist bis nach außen gestrahlt. Freude empfinden wir alle gerne, denn sie fühlt sich schön an. Doch manchmal müssen wir gut aufpassen, um Freude zu empfinden.

Übung: Freudensucher

In der ersten Übung in diesem Buch wirst du zum Freudensucher. Hierbei suchst du dir ganz bewusst die Dinge, die dich glücklich machen.

Was brauchst du?

5-10 kleinere Steinchen

1. Sammle dafür als Erstes zehn kleine Steine – du darfst auch erst einmal mit fünf Steinen starten, wenn es dir leichter fällt. Die Steine sollten gut zusammen in deine Hosentasche passen.

2. Lege alle Steinchen in eine deiner beiden Taschen.

3. Für den Rest des Tages achtest du auf die Dinge, die dich glücklich machen. Das müssen keine großen Dinge sein und auch keine Geschenke. Es kann die erste Frühlingsblume sein, die so schön ist, weil sie nach dem Winter endlich wieder einen Farbtupfer in die Welt bringt. Es kann auch eine Banane sein, die so süß schmeckt, dass du am liebsten noch eine zweite essen würdest. Vielleicht triffst du dich heute

mit einem Freund oder einer Freundin und das macht dich glücklich. Oder deine Eltern nehmen dich in den Arm und das fühlt sich schön an. Oder aber du hast etwas Neues gelernt und das macht dich glücklich.

4. Jedes Mal, wenn dich etwas glücklich macht, holst du ein Steinchen aus deiner Hosentasche und legst es in deine zweite Hosentasche. Ziel ist es, dass am Abend so viele Steine wie möglich in deine zweite Hosentasche gewandert sind.

Je öfter du diese Übung machst, desto leichter werden dir die Momente des Glücks auffallen – die Momente, in denen du Freude empfindest. Vielleicht magst du am Abend auch deinen Eltern oder Geschwistern erzählen, in welchen Momenten du Freude empfunden hast. Und vielleicht mögen dir deine Eltern oder Geschwister erzählen, wann sie selbst Freude empfunden haben. Werde zum Freudensucher – denn das ist der größte Schatz, den wir am Schluss entdecken können.

Wenn das Glitzern erlischt

Es ist Abend geworden und Börle wirft einen Blick zum Himmel. Eigentlich haben er und seine Familie sich längst eine gute Nacht gewünscht. Doch der kleine Morf hat sich in seinem unterirdischen Bett aus Tannennadeln hin und her und wieder hin und wieder her gewälzt. Da musste er einfach aufstehen und nach draußen kriechen.

Der Tag heute war ganz und gar nicht so, wie er es sich gewünscht hätte. Zuerst hatte er sich auf den Weg in die Schule gemacht. Doch als die Schulhummel zum Unterricht gesummt hat, war ihm eingefallen, dass er seine Nachmittagsaufgaben zuhause vergessen hat. Dabei hatte er sich gestern so viel Mühe gegeben, sie anzufertigen. Er hatte seinen Schulkollegen so gerne zeigen wollen, was er erarbeitet hat, und nun hat er sie vergessen. Den ganzen Unterricht über war er traurig gewesen, dass seine Mühe umsonst gewesen ist. Deshalb hat er auch sonst nichts im Unterricht sagen können. Er hatte nur an die fehlende Aufgabe denken können und sich ungefähr genauso traurig gefühlt wie damals, als alle Morfen schon rennen konnten, außer ihm. Und auch jetzt war ihm nach Weinen zumute. Fast hatte es sich so angefühlt, als würde sein Körper heruntergezogen werden. Seine Schultern waren nach vorne gefallen, sein Blick war auf den Tisch geheftet und seine Ohren waren ein winziges Bisschen eingerollt. So war es den ganzen Schultag über gewesen.

Und auch Walibäre und Bertho waren keine große Hilfe. Die beiden Tronke waren zwei Schulfreunde der beiden Brüder. Zusammen mit dem orange leuchtenden, ein wenig überdrehten und dennoch ganz wunderbaren Slack Drömel waren die fünf inzwischen eine richtige Einheit geworden. Eigentlich unternahmen sie fast alles zusammen, sowohl in den Schulpausen als auch am Nachmittag. Doch an diesem Nachmittag hatten Walibäre und Bertho sich mit Furdel verabreden wollen – und nur mit Furdel: „Wir wollen wild durch die Bäume klettern und da könnten ein Slack und ein Morf nun einmal nicht mithalten. Das darfst du uns nicht übelnehmen. Klettern ist unser natürliches Talent und dieses Mal wollen wir uns so richtig austoben. Nächstes Mal kommst du wieder mit, okay?“ Börle hatte sich gleich noch ein bisschen schwerer gefühlt. Nun hatte sich auch noch sein Kopf nach vorne gesenkt.

Natürlich hatte er gewusst, dass die beiden Tronke recht hatten. Ein Morf war nun einmal wirklich kein so guter Kletterer wie ein Tronk. Und dennoch wäre er so gerne dabei gewesen. Börle hatte geschluckt und sich schnell von den anderen weggedreht. Er hatte nicht zeigen wollen, dass ihm die Tränen in die Augen gestiegen waren. Den Rest des Tages war es so weitergegangen. Börle hatte das Gefühl, dass eine große dunkle Wolke über ihm schweben würde und das Licht der Sonne nicht zu ihm hindurchkäme.

Als Börle nun zum Himmel sieht, ist es fast, als ob die Sterne sich genauso fühlen wie er. Kein einziger Stern glitzert am Himmel. Es ist eine ganz besonders dunkle Nacht und Börle fragt sich, ob die Sterne vielleicht vom Himmel gefallen sind. Vielleicht sind sie heute ebenso traurig wie er und möchten deshalb nicht leuchten. Auch Börle war heute nicht nach Lachen zumute gewesen. Da hatten sich seine Eltern noch so viel Mühe geben können. Und auch seine kleine Schwester Rachil hatte wilde Grimassen gezogen – doch Börle hatte nicht lachen können. ‚Vielleicht ist es bei den Sternen genauso', denkt Börle sich, ‚vielleicht funkeln und glitzern sie nur dann, wenn sie glücklich sind.'

Börle zuckt zusammen, als er eine Stimme hinter sich hört. „Dachte ich mir doch, dass ich dich hier finde", sagt seine Mutter. Und ganz unerwartet hört der junge Morf auch die Stimme seines Vaters, der gerade aus seinem unterirdischen Schlafzimmer herauskriecht: „Ich habe gespürt, dass ich heute Nacht hier gebraucht werde. Kann das vielleicht sein?“ Börle sieht seine Eltern an. Doch noch immer will sich kein Lächeln auf seinem Gesicht ausbreiten.

„Börle, magst du mir erzählen, was heute mit dir los ist?“, fragt der Morfenvater und setzt sich rechts neben seinen Sohn. Die Morfenmutter hingegen krabbelt an Börles linke Seite und legt einen Arm um ihren kleinen Schützling. Doch Börle schüttelt den Kopf. Er spürt, wie die Wärme seiner Eltern ein ganz klein wenig auf ihn abfärbt, doch noch immer glitzert er ebenso wenig wie die Sterne am Himmel. Noch immer fühlt er sich, als würde sein Körper vom Boden angezogen werden, um hinzufallen und liegenzubleiben.

„Börle“, fordert ihn nun seine Mutter sanft auf, „Papa und ich wissen, dass du heute traurig bist. Magst du uns nicht doch erzählen, was der Grund hierfür ist?“ Und da passiert es. In Börles Hals bildet sich ein Kloß. Ein Kloß, der ihn am Schlucken hindert und sich wie ein Krampf in seinem Hals anfühlt. Mit einem Mal kullern die Tränen, die sich den Tag über angestaut haben, aus Börles Augen heraus. Fast ist es wie ein Damm, der Unmengen an Wasser zurückhält. Wenn dieser Damm bricht, dann sprudelt das Wasser nur so hervor. Und ganz genauso ist es mit den Tränen, die nun aus Börles Augen hervorsprudeln. Sie laufen über sein Gesicht und tropfen auf den Boden. Und mit jeder Träne, die hinuntertropft, wird Börles Körper ein ganz klein wenig leichter. Es fühlt sich an, als würde das Wasser, was schwer hinter dem Damm gelastet hat, sich leeren und leeren und als würde der Druck auf den Damm nach und nach weichen. Es wird leichter und leichter und noch ein wenig leichter. Und dann löst sich auch endlich der Kloß in Börles Hals. Mit einem Mal sprudelt es aus ihm heraus. Er erzählt von den vergessenen Nachmittagsaufgaben und davon, dass er sich nicht mehr hatte konzentrieren können. Er berichtet, dass er zu gerne mit Furdel und Walibäre und Bertho gespielt hätte, aber sie unter sich sein wollten. Er erzählt, dass sein Körper sich ganz schwer anfühlt und dass nun nicht einmal die Sterne für ihn glitzern möchten.

„Weißt du, Börle. Erst einmal muss ich dir sagen, dass ich froh bin, dass du weinst", sagt Börles Mutter. Börle sieht seine Mutter verständnislos an. Sollte sie nicht viel eher wollen, dass er lacht? Doch da erklärt sie schon weiter: „Bestimmt hast du gefühlt, dass dein Körper sich nun ein wenig leichter anfühlt. Weinen ist völlig gesund und eine gute Reaktion deines Körpers, wenn du traurig bist." Nun streichelt die Mutter ihrem Jungen wieder und wieder über die Schulter. Sie fährt fort: „Ich kann jetzt ganz genau erkennen, wie traurig du bist. Wenn du früher etwas gesagt hättest, dann hätten wir dir helfen können. Deine Lehrerin hätte dir zum Beispiel sagen können, dass du deine Nachmittagsaufgaben von gestern einfach morgen vorzeigen darfst. Du hättest dich heute Nachmittag mit Drömel verabreden können oder wir hätten etwas Schönes gemeinsam gemacht. Manchmal ist es wichtig, dass wir sagen, wenn wir uns nicht gut fühlen. Traurig zu sein, ist nicht schlimm. Jeder Morf und auch jedes andere Wesen ist manchmal traurig. Am besten werden wir aber wieder fröhlich, wenn uns jemand dabei hilft."

Börle weiß genau, was seine Mutter meint. Zwar möchte er noch immer nicht laut loslachen, dennoch fühlt sein Körper sich lange nicht mehr so schwer an.

Der Morfenvater steht auf und zieht den Sohn und die Morfenmutter an den Händen nach oben. „Und nun müssen wir etwas gegen die Dunkelheit tun", meint er und pustet in den Himmel. Börle sieht seinen Vater verdutzt an. Doch dann erkennt er, was dieser tut. Denn hinter einer Wolke am Himmel glitzert ein einzelner Stern hervor. „Siehst du?", fragt der Morfenvater, „Das Glitzern ist immer da. Manchmal versteckt es sich. Doch es ist niemals vollkommen verschwunden." Endlich breitet sich auf Börles Gesicht langsam ein zaghaftes Lächeln aus. Er weiß, dass sein Papa recht hat, denn auch er spürt ein leises Glitzern in sich. Nach und nach pusten Börle und seine Eltern eine Wolke nach der anderen weit fort. Zwei Sterne glitzern, dann drei, dann immer, immer mehr. Und Börle behält die Worte seines Vaters in seinem Herzen – manchmal versteckt sich unser Glitzern. Doch es ist niemals verschwunden, es ist immer da!

MITMACHÜBUNG TRAURIGKEIT

Börle war heute aber wirklich ziemlich traurig. Das hat sich für ihn nicht gut angefühlt und bestimmt kennst auch du das Gefühl. Anstatt sich Hilfe zu suchen, ist er am Tag immer und immer trauriger geworden. Das hätte anders sein können, wie seine Eltern ihm am Abend erklärt haben. Dennoch ist Traurigkeit ein wichtiges Gefühl. Lass uns doch einmal feststellen, warum Börle so traurig war. Er hatte sich viel Mühe mit seiner Nachmittagsaufgabe gegeben, war stolz darauf gewesen und hatte sie mit den Menschen, die ihm wichtig sind, teilen wollen – und dann hat er sie vergessen. Er hatte sich gewünscht, mit seinen Freunden zu spielen – und sich ausgeschlossen gefühlt, als es nicht geklappt hat. Und damals, als er nicht so schnell rennen konnte wie die anderen Morfe, hatte er sich ganz allein gefühlt. Traurigkeit zeigt uns, was wir brauchen. Wir werden traurig, wenn wir etwas, was wir wirklich gerne möchten, nicht bekommen. Traurigkeit zeigt uns, dass es uns gerade nicht gut geht und dass wir Hilfe brauchen. Wir dürfen uns jemandem anvertrauen und sagen, dass wir traurig sind. Vielleicht hilft uns schon eine Umarmung oder aber ein Gespräch. Wenn uns dann geholfen ist, darf die Traurigkeit wieder gehen – wir können wieder glitzern.

Übung: Glitzerhimmel

In deiner nächsten Aufgabe darfst du den Himmel, den Börle gesehen hat, basteln.

Was brauchst du?

Schwarzes oder dunkelblaues Papier

Zwei weitere dunkle Papierbögen, z. B. dunkles Transparentpapier

Heller Stift (z. B. weiß oder gelb) oder ein Glitzerstift

1. Schnappe dir das schwarze oder dunkelblaue Blatt Papier und den hellen Stift oder einen Glitzerstift.

2. Male viele, viele Sterne auf das Papier. Das können gezackte Sterne sein oder kleine und große Punkte. Male deinen Sternenhimmel so, wie er dir am besten gefällt.

3. Außerdem brauchst du zwei weitere dunkle Papierbögen – am besten eignet sich leichtes Papier, wie zum Beispiel Transparentpapier. Schneide mehrere große dicke Wolken aus dem Papier. Lasse dir gerne von deinen Eltern helfen, falls es nötig sein sollte.

4. Anschließend bedeckst du deinen ganzen Sternenhimmel mit den Wolken. Das ist die Traurigkeit. Wann immer du die Wolken anpustest, verfliegen die Wolken und du kannst deinen Sternenhimmel sehen.

Die Wolken werden immer wiederkommen. Sie sind am Himmel und bleiben niemals stehen. Und dennoch erinnert dich dein Sternenhimmel daran, dass sie sich wegpusten lassen und das Glitzern wieder auftaucht – und so ist es genau richtig.

Der Moment des Einfrierens

„ÜBERRASCHUNG!“ Die Augen des kleinen Morfenmädchens weiten sich, als sie den lauten Ruf der anderen Morfe hört. Sie sieht die bunten Blütenblätter, die der Obermorf mit einem gewaltigen Pusten durch einen hohlen Baum hindurchkatapultiert hat. Wie durch eine Blumenkanone geschossen, flattern sie wild durch die Luft. Rachil ist noch ein wirklich kleiner Minimorf und die kleine Schwester von Börle, Jammie und Furdel. Sie hat noch nicht einmal alle Jahreszeiten miterlebt und lernt jeden Tag etwas Neues kennen, was sie zuvor noch nicht gekannt hat. Natürlich lernt ein Morfenkind schon als Minimorf das Laufen. Doch sich auf einem Laufrad zu halten, wird auch sie erst einmal üben müssen. Rachils Augen weiten sich, als sie das kleine Laufrad sieht, das vor ihr steht.

Sie werden groß und immer größer, ihr Mund formt ein rundes „O“. Stocksteif steht das Minimorfenkind da und bewegt sich kaum. Und dann platzt es aus ihr heraus. Rachil springt aufgeregt auf und ab, wedelt mit den Armen über dem Kopf, strahlt über das ganze Gesicht und führt einen Morfenfreudentanz auf, der sich sehen lassen kann.

„Schau, Rachil. Das haben wir zusammen gebaut“, erklärt Börle und zeigt auf das kleine Rad, welches am Boden steht, „Wir haben zuerst aus Baumscheiben Räder gemacht. War ganz schön schwer, die rundzuknabbern. Aber geschmeckt hat es schon.“ Börle lacht in sich hinein bei dem Gedanken daran, wie er jedes Stückchen genüsslich gekaut und heruntergeschluckt hat. „Dann haben wir Scharniere geknabbert und einen Rahmen und ihn mit Blumen verziert. Es war wirklich viel Arbeit, aber jeder aus dem Morfenwald hat mitgemacht und deshalb ist es jetzt schon fertig. Und außerdem ...“, Börle spürt, wie sich die Hand des Obermorfen auf seine Schulter legt und er ihn sanft unterbricht: „Denkst du, wir wollen Rachil mal aufsitzen lassen? Sie möchte bestimmt sehen, wie es sich auf ihrem neuen Laufrad fährt.“

Als Börle seine Schwester ansieht, wird ihm klar, dass der Obermorf recht hat. Ihr Schwanz wackelt auf und ab und sie steigt immer wieder auf die Zehenspitzen, nur, um sich dann wieder auf den ganzen Fuß sinken zu lassen. Sie klatscht in die Hände und ihre Wangen leuchten ein wenig blauer als sonst. Börle freut sich mit ihr: „Du bist aber wirklich überrascht. Damit hast du gar nicht gerechnet, richtig?“

Und wie hätte Rachil auch mit einer solchen Überraschung rechnen können? Schließlich hatten alle Bewohner des Morfenwaldes ganz heimlich an dem Laufrad gearbeitet.

„Sie ist ein Naturtalent!", hört Börle seine Morfenmutter sagen, als die kleine Schwester bereits nach einigen Versuchen sicher auf dem Rad durch den Wald düst. Auch Furdel sieht dem kleinen Morfenmädchen zu und meint: „So eine Überraschung ist schon etwas wirklich Schönes. Ich könnte glatt auch jeden Tag so überrascht werden." Die Morfenmutter lacht leise in sich hinein.

„Erinnert ihr euch noch, wie Rachil uns überrascht hat?", fragt die Morfenmutter. Auch auf Börles Gesicht breitet sich ein Lächeln aus. Eigentlich hatte niemand damit gerechnet, dass er, Furdel und Jammie große Brüder werden würden. Schließlich kann ein Morf eigentlich höchstens zwei Morfenkinder bekommen. Dass Furdel als Tronk zur Familie hinzugekommen ist, war schon an sich eine große Überraschung. Doch niemals hätten sie damit gerechnet, dass ein weiteres Morfenkind schlüpfen würde. Die Morfenmutter hatte den zukünftigen Morfeneltern gezeigt, wie man ein Morfenkind herstellt. Sie hatte mit ihnen zusammen ein ganzes Jahr lang die vier wichtigen Zutaten gesammelt – Eierschalen, Wasser aus Schnee, blaue Blumen und vertrocknete Herbstblätter. Sie hatte mit ihnen einen Brei hergestellt und diesen zu einem Morfen geformt. Den Morfenbrei hatte sie wie alle anderen Morfe auch in die Erde gelegt. In den nächsten Tagen hatte sich dann entschieden, aus welchem

Brei ein Minimorf entstand und welche Morfen es ein weiteres Mal versuchen mussten. Dass sich die Erde, in die der Morfenbrei von Börles Eltern vergraben worden war, plötzlich bewegt hatte, war eine wirklich große Überraschung gewesen.

Börle weiß noch heute, wie sich das angefühlt hat. Zuerst war er vollkommen still gewesen. Er konnte gar nicht glauben, dass das, was er sah, wirklich real war. Er hatte seine Augen aufgerissen und sein Gesicht fühlte sich an, als wäre es für einen kleinen Moment eingefroren. Dann hatte er verstanden, was vor sich ging, und ihm wurde bewusst, dass er bald großer Bruder sein würde. Sein Herz hat plötzlich schneller geschlagen und sein ganzer Körper ist in Schwung gekommen. Er fühlte sich vollkommen perplex und wirklich – überrascht.

„Hoppla!", die Morfenmutter eilt zu Rachil, die in diesem Moment mit dem Laufrad umgekippt und auf den Boden gefallen ist. Börle erkennt, dass Rachils Mund ein kleines „O" formt. Ihre Augen weiten sich und für einen winzigen Moment bleibt ihr Gesicht in genau dieser Position stehen. „Schau mal", macht der Morfenvater die Kinder aufmerksam, „was ihr hier seht, ist auch Überraschung. Rachil war gerade überrascht, dass sie umgefallen ist. Damit hätte sie nicht gerechnet."

Börle sieht seinen Vater staunend an. Ihm war nicht klar, dass Überraschung ein Gefühl ist, welches zwar nach außen hin gleich aussieht, sich aber vollkommen anders anfühlen kann. Als er überrascht war, dass er eine kleine Schwester bekommen würde, hatte sich das richtig gut angefühlt. Als Rachil vor einigen Minuten ihr Laufrad bekommen hatte, hat sie glücklich ausgesehen. Doch nach dem Sturz sah sie erschrocken aus. Sie lässt sich von der Morfenmutter auf den Arm nehmen und fest drücken. Börle meint sogar, dass sie um ein Haar geweint hätte.

„Damit hätte sie nicht gerechnet", murmelt Börle vor sich hin und lauter fragende Gesichter richten sich auf ihn. „Nun ja", murmelt Börle peinlich berührt. Eigentlich hatte er es gar nicht laut sagen wollen und dennoch muss er es jetzt aussprechen:

„Ich habe gerade erkannt, dass sich Überraschung ganz unterschiedlich anfühlen kann. Manchmal ist sie gut und manchmal nicht so gut. Aber Überraschung ist anders als Freude oder Traurigkeit oder Angst oder Wut. Es ist ein viel, viel kürzeres Gefühl. Überrascht sind wir immer dann, wenn wir mit etwas Bestimmten nicht gerechnet haben. Zum Beispiel, wenn wir ein Geschenk bekommen, das wir nicht erwartet haben, wie gerade eben Rachil. Oder wenn wir ein Geschwisterchen bekommen, wie wir vor Kurzem. Oder wenn wir mit dem Laufrad umfallen, obwohl wir uns sicher gefühlt haben."

Jammie sieht seinen kleinen Bruder an und dieses Mal sieht sein Gesicht überrascht aus. „Bald musst du die schlauen Ratschläge erteilen", murmelt er anerkennend, „Du bist wirklich groß geworden, Börle." Er legt einen Arm um seinen Bruder und das überrascht Börle ganz und gar nicht – schließlich ist das etwas, was beide ganz besonders gern mögen.

MITMACHÜBUNG ÜBERRASCHUNG

Überraschung ist ein Moment des Einfrierens. Börle hat festgestellt, dass dieser Moment ganz besonders kurz ist, und damit hat er vollkommen recht. Er hat ebenfalls recht damit, dass Überraschung sich ganz unterschiedlich anfühlen kann. Manchmal ist es eine gute und manchmal eine weniger gute Überraschung, die auf uns zukommt. Während wir überrascht sind, halten wir einen kurzen Moment inne. Und in diesem Moment entscheidet unser Körper, wie er auf die Überraschung reagiert – also ob wir traurig sind oder wütend, ängstlich, fröhlich oder aufgeregt. Überraschung ist somit ein Übergang, in dem unklar ist, wie sich unsere Gefühle entwickeln.

Übung: Überraschung

Was brauchst du?

Spiegel

Wie ist es mit dir? Kannst du Überraschung erkennen, wenn du sie siehst? Stelle dich doch einmal vor den Spiegel und versuche, überrascht auszusehen. Mache es genau jetzt, bevor du weiterliest.

Gar nicht so einfach, richtig? Denn während Freude sich durch das Lächeln äußert und Traurigkeit durch herabgezogene Mundwinkel oder Tränen, sehen wir Überraschung immer nur ganz kurz in den Gesichtern anderer. Lass uns gemeinsam probieren, wie Überraschung aussieht, während du vor dem Spiegel stehst.

Öffne hierfür die Augen weit. Ziehe gleichzeitig die Augenbrauen hoch. Vielleicht wird auch deine Stirn ein wenig kraus dabei. Öffne den Mund und forme ihn so, als würdest du ein leichtes „O“ sprechen wollen. Den Kopf streckst du gerne ein klein wenig nach vorne. Übe einen Moment, wie Überraschung aussieht. Reiße dafür die Augen und den Mund das eine Mal ganz besonders weit auf und versuche es beim nächsten Mal mit kleineren Bewegungen. All das ist Überraschung.

Merke dir: Überraschung fühlen wir alle nur einen kurzen Moment. Es ist ein Übergang, weil etwas vollkommen Unerwartetes geschehen ist. Doch aus ihr kann jedes andere Gefühl entspringen.

Wie in Winterstarre

„Und dann wachen sie wieder auf und suchen sich als Erstes eine große Mahlzeit", Börles Klassenlehrerin Frau Mock erzählt gerade davon, wie die kleinen Igel im Frühling wieder erwachen. Sie hat bereits erwähnt, dass die kugeligen, stacheligen Igel sich zum Winter eine dicke Fettschicht angefressen haben. Das ist auch wirklich wichtig, weil sie den ganzen langen Winter über schlafen. Doch nun, wo die Frühlingssonne alle kleinen und großen Wesen der Erde an der Nase kitzelt, wachen auch die Igel wieder auf.

Börle hebt seinen Finger und wartet ab, bis er drankommt. Das macht man nämlich so, wenn man ein Schulmorf ist (als Schulslack und als Schultronk tut man das auch, aber Börle ist nun einmal ein Schulmorf und als ein solcher hebt man eben auch den

Finger). „Aber warum machen die Igel das denn? Und wie schaffen sie es, so lange so vollkommen still zu sein?", fragt Börle.

Frau Mock erklärt den Schülern, dass es im Winter nicht genügend Essen für kleine Igel gibt. All die Insekten, die sie am allerliebsten fressen, verschwinden einfach so. Sie fährt fort: „Und damit die Igel nicht verhungern müssen, sparen sie durch den langen Schlaf ganz viel Energie. Ihr Körper wird in dieser Zeit dünner und dünner. Deshalb ist es so wichtig, dass sie vor dem Winter kräftig viel Speck angefressen haben. Das Schlafen hilft ihnen also, zu überleben." Dann bittet die Lehrerin die Schüler, von ihren Pilzen, auf denen sie im Unterricht sitzen, aufzustehen: „Sucht euch bitte alle ein Plätzchen irgendwo im Raum." Nachdem jeder Schüler einen solchen Platz gefunden hat, sollen sie sich auf den Boden legen. „Rollt euch so gut ein, wie ihr könnt. So bleibt euer Körper nämlich am wärmsten. Genauso liegen die Igel den ganzen Winter über. Lasst uns doch einmal schauen, wie lange wir es aushalten können", sagt Frau Mock.

Die Lehrerin erzählt in liegender Position noch weiter vom Igel und dem Winterschlaf. Als die Schulhummel summt, rappeln die Schüler sich vom Boden auf. Allesamt – außer der Slack Drömel. Denn der schnarcht leise und friedlich vor sich hin. Börle kichert und stupst seinen Schulfreund, den Slack, in die Seite. „Was? Wie? Wo? Ich bin wach! Igel halten Winterschlaf, richtig?", entgegnet der Slack. Börle legt sich lachend eine Hand vor den Mund.

Doch in der Pause wird ihm ganz anders zumute. Denn was er in der ersten Unterrichtsstunde erfahren hat, hat ihn von dem, was jetzt kommen wird, abgelenkt. Heute ist nämlich ein ganz besonders großer Tag. Heute steht eine wirklich sehr wichtige Mathearbeit an. Und auch, wenn Börle total gut rechnen kann, mag er Arbeiten ganz und gar nicht. Schon bei der ersten Prüfung damals im Turnunterricht hatte er sich überhaupt nicht wohl gefühlt.

„Ich glaube, ich habe Fieber“, stellt Börle fest, kurz bevor die Schulhummel wieder zum Unterricht summen kann, „Fühl doch mal bitte.“ Drömel fühlt Börles Stirn, schüttelt dann den Kopf. „Du bist eiskalt“, meint er, als er seine Hand zurückzieht, „und irgendwie ist deine Stirn ganz nass.“ Der kleine Morf streicht sich mit seinen Fingern über den Kopf und tatsächlich. Schweiß steht auf seiner Stirn. Börle ist gleichzeitig heiß und kalt und seine Beine fühlen sich an, als wären sie aus Baumharz, bevor er fest wird. Dann ist er nämlich immer ganz weich und zäh – genau wie Börles Beine in diesem Moment.

„Denkst du, ich muss den Schularzt holen?“, fragt Drömel, doch Börle winkt ab. Denn endlich weiß er, was mit ihm los ist. Es ist gar nicht so, dass ihm nur ein wenig unwohl ist. Es ist auch nicht so, dass er Arbeiten nicht gerne mag. Er hat Angst! Er hat richtige, große Angst. Und das möchte er am liebsten nicht zugeben. Denn Angst zu haben ist schließlich etwas für Minimorfen und das ist er längst nicht mehr. Börle strafft seine Schultern und macht sich bereit für die anstehende Arbeit. Er lacht lauter als sonst, bewegt sich schneller, tut so, als würde es ihm total gut gehen. Aber in sich drinnen ist ihm ganz schön übel!

Die Zahlen verschwimmen vor Börles Augen, als die Arbeit vor ihm liegt. In Baumrinde eingeritzt stehen da Zahlen und Zeichen und Worte. Doch Börle erkennt nichts davon. Der Stift zittert in seiner Hand und ihm ist noch immer übel. „Börle? Kann ich dir helfen?“, fragt Frau Mock und legt dem Morf eine Hand auf die Schulter. Doch Börle gibt keine Antwort. Er fühlt sich vollkommen erstarrt. Ganz so, wie ein Igel, der sich im Winter einrollt und dann liegenbleibt, krümmt auch Börle sich zusammen. Er zieht die Knie an die Brust, legt seine Arme darum und den Kopf darauf. Er bewegt sich nicht mehr und fühlt sich vollkommen starr vor Angst. In dieser Mathearbeit wird er keine einzige Zahl aufschreiben, das weiß er ganz genau. Wie ein Igel in Winterstarre, der innerlich vor Kälte zittert, wird auch er heute keine einzige Zahl mehr aufschreiben können.

„Börle? Börle, mein Schatz. Sprich mit mir!“ – Es ist die Stimme von Börles Mutter, die langsam durch den Nebel dringt. Sie klingt warm und weich und sofort entspannt sich Börles Körper. Er drückt sich an das weiche Fell der Morfenmutter und beginnt, zu weinen. Erst ganz leise, dann immer lauter und lauter. Am Ende weint er so laut wie seine Schwester Rachil, wenn sie sich wehgetan hat. Doch ihm ist es egal, dass andere ihn hören können. Denn aufhalten könnte er es ohnehin nicht.

„Ihr habt alle mitbekommen, dass es Börle heute nicht besonders gut geht“, meint Frau Mock, während Börle sich noch immer an seine Mutter kuschelt, „deshalb habe ich Walibäre geschickt, um Börles und Furdels Mutter zu holen. Die Mathearbeit werden wir an einem anderen Tag wiederholen. Doch ich denke, erst einmal steht etwas Wichtigeres an. Erst einmal sollten wir darüber sprechen, was es heißt, Angst zu haben, und wie man mit Angst umgehen sollte. Denn das ist gar nicht so leicht. Hebt doch bitte mal den Finger, wenn ihr schon einmal richtig große Angst gehabt habt.“

Börle mag den Finger nicht heben. Denn noch immer ist er der Meinung, Angst sei etwas für Minimorfe. Doch dann sieht er, wie Frau Mock selbst als Erstes die Hand hebt: „Ich habe Angst im Dunkeln, weshalb ich einige Glühwürmchen bitte, mir in der Nacht zu leuchten. Ich weiß, dass ich keine Angst haben muss, und kann sie trotzdem nicht loswerden.“ Börle spürt, wie auch seine Mutter die Hand hebt: „Ich habe jedes Mal Angst, wenn meine Kinder unterwegs sind. Ich denke immer, ihnen könnte etwas passieren und dass ich dann nicht da bin, um aufzupassen. Deshalb bin ich auch so froh, dass Walibäre mich geholt hat. So kann ich für mein Kind da sein – wenn auch etwas später.“ Und als Börle sich umsieht, erkennt er, dass jeder einzelne Schüler die Hand gehoben hat. Die Angst vor Krabbeltieren wird erwähnt und die Angst, etwas falsch zu machen. Ein Morfenkind hat Angst vor dem Schlafengehen und ein anderes fühlt sich schlecht, wenn es sich von seiner Mutter verabschiedet. Mit einem lauten „Plumps“ fällt ein gewaltiger Stein von Börles Herzen. Denn auch, wenn er findet, dass Angsthaben etwas wirklich Unschönes ist, weiß er, dass er damit nicht alleine ist!

MITMACHÜBUNG ANGST

Die wenigsten Menschen stellen sich gerne ihrer Angst. Da geht es Börle wie den meisten Menschenkindern. Und das ist auch verständlich, denn Angst fühlt sich nun wirklich nicht gut an. Trotzdem müssen wir der Angst die Chance geben, gespürt zu werden, damit sie vergehen kann. Börle hatte Angst, eine Klassenarbeit zu schreiben. Die ganze Pause hat er die Angst an die Seite geschoben und sich unwohl gefühlt. Die Angst ist größer und größer geworden, bis Börle schließlich das Gefühl hatte, zu erstarren. Manchmal ist es auch ganz anders. Andere Menschen – und auch andere Morfenkinder – würden bei großer Angst anfangen, sich zu verteidigen, zu kämpfen, zu schreien oder um sich zu schlagen. Jeder verhält sich anders, wenn die Angst übermächtig und riesengroß geworden ist. Die gute Nachricht ist jedoch, dass Angst schon vergehen darf, bevor sie so riesig wird, wie es bei Börle der Fall war.

Zuerst einmal dürfen wir die Angst nicht beiseiteschieben. Denn auch, wenn wir uns einreden, dass wir sie wegdrücken können, spüren wir sie. Vielmehr sollten wir wissen, warum sie da ist. Ist der Grund für unsere Angst eine drohende Gefahr, zum Beispiel ein Auto, das auf uns zufährt, oder ein fremder Mensch, der uns anspricht? Dann nichts wie weg! Denn die Angst ist in diesem Fall ein wichtiger Schutz.

Doch manchmal ist die Angst auch da, obwohl wir sie nicht bräuchten, zum Beispiel wie bei Börle vor Klassenarbeiten. Dann hindert sie uns daran, unser Bestes zu geben.

Übung: Hab keine Angst mehr, alles wird gut

Was brauchst du?

Optional: Stift und Papier

Es gibt viele verschiedene Möglichkeiten, die Angst verschwinden zu lassen. Eine hiervon ist die liegende Acht. Übe die liegende Acht gerne immer dann, wenn du magst. Wenn du dann eines Tages Angst spürst, die du nicht gebrauchen kannst, dann kannst du die Übung wiederholen. Sie wird dir helfen, ruhiger zu werden und dich zu entspannen.

Male mit deinem Finger eine liegende Acht auf die Tischplatte. Gerne darfst du auch einen Stift und ein Papier nehmen, um die liegende Acht gut zu sehen. Setze nicht ab, während du das Malen der liegenden Acht wiederholst und wiederholst und wiederholst. Wenn deine Bewegungen ganz gleichmäßig geworden sind, achtest du beim Malen der Zahl auf deine Atmung.

- Während der ersten Acht atmest du tief *ein*,
- während der zweiten Acht hältst du die Luft *an*,
- während der dritten Acht atmest du *aus* und
- während der vierten Acht hast du eine Atempause, bevor es wieder von Neuem losgeht.

Danach fängst du von vorne an. Achte auf gleichmäßige Bewegungen und eine ruhige Atmung. Die liegende Acht kann dich immer dann entspannen, wenn du es gerade brauchst. Du kannst sie so oft durchführen, wie du möchtest, ganz egal, wo du gerade bist. Male sie doch auch auf deinen Oberschenkel oder deine Handfläche. Und wenn du sie brauchst, weil die Angst kommt, dann ist sie bei dir – immer!

Bis zum Platzen

Börle schäumt vor Wut. Der kleine Morf ist sich vollkommen sicher, dass sein eigentlich blauer Körper knallrot anläuft, so wütend ist er. Seine Hände hält er zu Fäusten geballt und sein ganzer Körper ist angespannt. Jeden Moment wird er platzen, da ist er sich vollkommen sicher. Und auch Drömel, der zu Börles besten Freunden gehört und ein Slack ist, sieht sehr viel knitteriger aus als sonst. Seine Augen sind zu engen Schlitzen zusammengekniffen und er bringt keinen geraden Satz heraus: „Du bist … Du meinst … Ich meine …“ Schon seit Minuten versucht er, Börle seine Meinung zu sagen, aber es will einfach nicht so recht funktionieren.

Ganz plötzlich war der Streit über die beiden gekommen. Es hat ganz harmlos angefangen, kurz nachdem die Schulhummel zur Pause gesummt hatte. Börle sprang auf und rannte nach draußen. Dabei trat er in den Kleber, den Slacks herstellen können, wenn sie sich in die Hände spucken und die Spucke kräftig verreiben. Und weil die erste Stunde Naturwerken war, hatte Drömel Unmengen Kleber um seinen Tisch herum verteilt – er war ja nun einmal nicht der ordentlichste Klebeslack. Als Börle sich dann endlich befreien konnte, war sein Lieblingsschwungbaum auf dem Schulhof schon besetzt.

„Nur, weil du nicht ordentlich geklebt hast, kann ich nicht schwingen", sagte Börle zu Drömel und sah ihn anklagend an. Er war ein wenig frustriert, hatte er sich doch so sehr aufs Schwingen gefreut. Doch Drömel war heute Morgen ganz offensichtlich mit dem falschen Fuß aufgestanden. Denn normalerweise hätte er einen solchen Spruch einfach weggelacht. Er hätte gesagt: „Wir machen es so. Ich schnappe mir das Morfenkind, das gerade schwingt, und klebe es an den Baum. Dann hast du mehr als genug Zeit zum Schwingen." Aber an diesem Morgen sagte Drömel nichts dergleichen. Er funkelte Börle wütend an und meinte: „Du bist dir aber auch immer wichtig, Börle. Und du tust so, als würdest du niemals auch nur einen Fehler machen." Und dann wollte er sich umdrehen und weggehen. Aber das konnte Börle nicht auf sich sitzen lassen. Und so war es zum ersten und heftigsten Streit gekommen, den Börle und Drömel jemals gehabt haben.

„Du bist ... Du meinst ... Ich meine", äfft Börle Drömel nach. „Lern erst einmal, richtig zu sprechen", Börle schiebt diesen Satz hinterher und weiß, dass der ganz schön gemein ist. Aber er kann nicht anders. Sein Kopf und sein Körper fühlen sich an, als würden sie gleich platzen. Und mit dem Satz kann er ein wenig Druck ablassen. „Aber ... Das ist doch ... Also ...", Drömels Augen füllen sich mit Tränen und Börle fühlt sich gleich noch ein wenig schlechter. Jetzt weint einer seiner besten Freunde auch noch. Und ganz bestimmt werden alle denken, Börle sei schuld daran. Der kleine Morf rauft sich die Haare. Und noch bevor er nachdenken kann, schreit er es über den ganzen Schulhof. Der Satz ist raus, bevor er ihn stoppen kann.

„Du bist eine alte Heulsuse, Drömel, weißt du das? Und ...", doch bevor er aussprechen kann, was eigentlich gerade über seine Zunge rollen will, wird er von hinten an den Schultern gefasst. „Stopp, Börle!" – Es ist sein großer Bruder Jammie, der Börle festhält und zu sich dreht. Börle zappelt und tritt um sich. Er will Drömel noch so viel an den Kopf werfen – will, dass er genauso wütend ist wie er selbst in diesem Moment. Doch Jammie sieht ihn streng an. „Stopp!", sagt er nachdrücklich und zieht Börle mit sich. Kurz nickt er Furdel zu und der weiß, was zu tun ist. Börle hätte nicht gedacht, dass er noch wütender werden könnte. Doch als sein Bruder Furdel zu Drömel hinübergeht und mit ihm spricht, schäumt er über: „Ihr seid gemeine und fiese Verräter. Immer denkt ihr, ich wäre schuld. Ihr seid sowas von ..." Und dann tritt Börle mit aller Wucht gegen einen Baum. Noch im selben Moment weiß er, dass das ganz und gar keine gute Idee war. Sein Zeh pocht und schmerzt und Börle springt auf einem Bein auf und ab, während er versucht, die Tränen zu unterdrücken.

Als der Schmerz längst vergangen ist, springt Börle noch immer wild umher. Er springt auf und ab und er brüllt die ganze Wut, die er in sich trägt, hinaus. Er rauft sich die Haare und sieht ganz bestimmt urkomisch aus. Doch das ist ihm egal. Denn in diesem Moment spürt er, wie die Wut mit jedem Sprung ein wenig kleiner wird. Als Börle das Gefühl hat, endlich wieder frei atmen zu können, schüttelt er sich noch einmal gewaltig.

Jammie, der seinem kleinen Bruder die ganze Zeit über zugesehen hat, ohne auch nur ein Wort zu sagen, klopft nun neben sich. „Besser?“, fragt er, als Börle sich an seine Seite setzt. Der jüngere Morf nickt. „Besser“, gibt er zu und Jammie legt einen Arm um ihn. „Du hast einige gemeine Dinge gesagt“, meint er und Börle sieht verschämt zu Boden. „Ich weiß“, gibt er zu. Und jetzt, wo er darüber nachdenkt, würde er all diese Dinge am liebsten wieder zurücknehmen. Er ist erleichtert, dass Jammie ihn von Drömel weggezogen hat. Denn gerade hatte ihm der Satz auf der Zunge gelegen, dass er mit einer solchen Heulsuse am liebsten nicht befreundet wäre – und das wäre nun wirklich nicht gut gewesen.

„Du warst ganz schön wütend“, stellt Jammie fest und Börle nickt ein weiteres Mal. „Und wenn man so wütend ist, dann sagt man manchmal Dinge, die man gar nicht so meint. Aber wenn sie erst einmal gesagt sind, kann man sie nur schwer wieder zurücknehmen“, ergänzt Jammie. Börle legt den Kopf schief. Genau das hatte er ja gerade auch gedacht. Und er weiß genau, dass er einen Fehler gemacht hat. „Weißt du, manchmal ist es besser, einen Streit erst dann zu klären, wenn man sich wieder beruhigt hat“, erklärt Jammie. Börle sieht seinen großen Bruder an und murmelt beschämt: „Jetzt würde ich Drömel ganz bestimmt nicht sagen, dass er eine Heulsuse ist. Und ich würde ihn auch nicht nachäffen. Und ich glaube, ich sollte mich unbedingt bei ihm entschuldigen.“ Jammie streichelt seinem Bruder über die Schulter: „Das weiß ich. Deshalb habe ich dich weggezogen. In Wut treffen wir oft falsche Entscheidungen. Deshalb ist es besser, erst einmal die ganze Wut rauszulassen. Jetzt fühlst du dich doch besser oder nicht?“ Börle fühlt einmal ganz genau in sich hinein. Der ganze Druck von eben ist weg. Sein Körper fühlt sich viel leichter an und ist auch kein bisschen mehr rot. Börles Hände sind längst keine Fäuste mehr und die Muskeln sind nicht mehr angespannt. Entschlossen steht Börle auf. Denn er weiß, dass er nun etwas klären kann – ohne dass er etwas Gemeines sagen wird.

MITMACHÜBUNG WUT

Wut ist ein Gefühl, das niemand gerne mag. Doch wie jedes andere Gefühl ist auch die Wut sehr wichtig. Sie zeigt uns, dass wir mit etwas nicht einverstanden sind. Wir sind wütend, wenn wir Ungerechtigkeit sehen oder wenn wir uns unverstanden fühlen. Wenn die Wut kommt, dann sagt sie uns, dass wir etwas ändern müssen, damit wir uns besser fühlen können. Doch wie du bei Börle gesehen hast, ist es nicht immer möglich, in der Wut eine Lösung zu finden. Denn dann ist es besonders schwer, sich zu einigen. Die Wut verhält sich wie ein Gewitter. Sie zieht auf und wird lauter und heftiger – und dann vergeht sie wieder. Und erst dann haben wir die Chance, uns wieder zu unterhalten und das, was uns auf dem Herzen liegt, zu klären. Lass uns gemeinsam ein wütendes Gewitter machen. Los geht's.

Übung: Wutgewitter

Was brauchst du?

Deine Hände

Trommle mit einzelnen Fingern auf den Tisch. Es regnet, leicht, ganz leicht. Trommle schneller, lauter, ganz laut. Ein Platzregen kommt über uns und wir können kaum verstehen, was wir sagen. Hau mit den Handflächen auf den Tisch. Es donnert so laut, wir können nicht einmal mehr unsere Gedanken hören. Das Gewitter hält weiter an, nimmt mehr und mehr zu. Klatsche in die Hände, einmal, zweimal, dreimal. Die Blitze blenden uns, wir können nichts mehr sehen. Donner, Platzregen und Blitze wechseln sich ab. Es ist so laut, es ist so grell, wir können nichts hören, nichts sehen, nichts besprechen. Das Gewitter nimmt all den Platz in unserem Kopf ein. Für nichts anderes ist jetzt Zeit als das Knallen des Donners, das Aufleuchten der Blitze. Und dann wird es ein bisschen besser. Zuerst verschwinden die Blitze. Der Donner knallt, grollt, wird leiser, ist weiter weg. Wir können wieder sehen, bald wieder hören. Der Platzregen bleibt. Trommle mit den Fingern auf den Tisch. Du hörst endlich wieder deine eigenen Gedanken, die ersten Worte. Der Regen wird seichter, verebbt, verschwindet vollkommen. Spüre die Stille. Lausche deinen Gedanken, meinen Worten. Die Anspannung ist vorüber, dein Körper entspannt sich. Du kannst hören, sehen, fühlen. Die ganze Wut des Gewitters ist vorübergezogen. Und wenn du ganz genau hinsiehst, erkennst du einen Regenbogen in der Ferne. Er ist bunt und rein, schwebt am Himmel und bringt Klärung mit sich. Du bist bereit. Das Gewitter ist verebbt und alle Möglichkeiten stehen dir offen. Du bist bereit!

Auf und ab wie ein Flummi

„Morgen habe ich Falltag! Morgen habe ich Falltag!" Börle sieht, wie Furdel aufgeregt durch den ganzen Morfenwald hüpft. Und er kann ihn total gut verstehen. Denn morgen hat Furdel Falltag. Und das ist schließlich ein ganz wunderbarer und besonderer Tag. Schließlich ist es der Tag, an dem ein Tronk zum ersten Mal die Welt erblickt. Anders als bei Morfen, schlüpfen Tronke nicht aus der Erde. Stattdessen fallen sie an ihrem Falltag einfach vom Baum, wie reifes Obst. Platsch! Dann liegen sie da, öffnen ihre Augen und schon können sie die Welt erkunden.

Eigentlich sind Tronke ja Einzelgänger. Da ist der Falltag dann gar nichts so besonderes, weil sie sowieso niemanden haben, mit dem sie ihn feiern. Doch weil Furdel nun einmal zur Familie der Morfen gehört, wird er seinen Falltag wie jedes Jahr feiern. Er hat sogar Drömel, Walibäre und Bertho eingeladen und auch Börle freut sich schon auf die große Party. Er kann ganz genau spüren, wie Furdel sich gerade fühlt. Er sieht die schlackernden Arme seines Bruders, die wild in der Luft umherrudern. Er erkennt, dass Furdels Beine überhaupt nicht so sicher gehen wie sonst. Stattdessen schwabbeln sie irgendwie durch die Gegend. Die Füße mit den Schwimmhäuten berühren kaum noch den Boden. Sie heben Furdels Körper immer und immer wieder in die Luft, als der Tronk durchs Morfenland hopst. Furdels Stimme ist ausgesprochen laut, als er allen verkündet, dass doch morgen sein Falltag ist. Und überhaupt zappelt der kleine Tronk so wild herum wie selten.

„Furdel, wir wissen es alle“, lacht Börle, als sein Bruder ihn fast umhüpft, „Und jetzt lass doch mal die Füße am Boden. Du bist ja wie ein Stein, den man übers Wasser hüpfen lässt.“ Für einen winzigen Moment sieht Furdel auf seine Füße hinunter. Und tatsächlich: Sie berühren den Boden immer nur für einen Bruchteil einer Sekunde. Dann hopsen sie wieder hoch. Furdel zuckt mit den Schultern:

„Mir egal, ob ich ein Stein bin, der übers Wasser platscht, oder ob meine Knochen so weich sind wie das Stachelbeergelee, das Mama immer macht. Morgen ist mein Falltag und darauf muss ich mich unbedingt freuen.“

Mit einem lauten „WUMMS!“ knallt Furdel nun doch mitten in Börle hinein. Die beiden Brüder fallen unsanft zu Boden. Ganz so wie ein Stein, der zuerst übers Wasser gehopst ist und schließlich darin versinkt.

„Autsch!“, jammert Börle und reibt sich den Popo. Er ist wirklich unsanft auf seinen vier Buchstaben gelandet. Auch Furdel verzieht das Gesicht, weil er mit dem Kopf an einen Baumstamm geprallt ist. Doch dann springt er auf und springt weiter in der Gegend umher.

An diesem Tag fühlt Börle sich wie ein Retter in der Not. Überall, wo Furdel hinhüpft, hinterlässt er Verwüstung. Er springt mitten in die Baumrinde, in der die Morfenmutter gerade das Mittagessen zubereitet. Er schlittert über das frische Gras am Teich und zerstört dabei beinahe ein neues Entennest. Der Wind, der sein Gehopse begleitet, weht das Blütenbild weg, das Rachil gerade auf dem Boden zurechtgelegt hatte. Und so geht es weiter und weiter. Noch am Vormittag ist Börle vollkommen durchgeschwitzt. Er rennt vor Furdel entlang, um zu warnen, dass der Hüpfer auf dem Weg ist. Er macht wieder gut, was Furdel zerstört, und versucht, seinen Bruder zu beruhigen. Doch der hüpft nur immer und immer weiter.

„Furdel! Stopp jetzt!“ – Es ist der Morfenvater, der den zappeligen Furdel endlich stoppen kann. Fast wäre der kleine Tronk mitten in eine Morfenversammlung hineingehüpft. Und das hätte bestimmt einen gewaltigen Rumms gegeben. Furdel bleibt abrupt stehen. Seine Füße hinterlassen eine tiefe Bremsspur im Waldboden.

Doch auch, wenn sein Körper endlich ganz ruhig dasteht, leuchten seine Augen noch immer. „Morgen ist Falltag“, sagt er breit grinsend. Der Morfenvater lächelt zurück. „Wenn wir es nicht ohnehin schon gewusst hätten, hätte es spätestens heute jeder mitbekommen“, sagt er augenzwinkernd. Doch dann wird er ganz ernst: „Seid doch so lieb und lauft zu Jammie. Wir haben hier noch einige wichtige Dinge zu besprechen. Fragt Jammie, was ihr machen könnt, um Furdels Aufregung zu kanalisieren. Okay?“

Das lassen sich die Brüder kein zweites Mal sagen. Sie rennen los und fast hätte Furdel die Morfenmutter umgerannt. „Tschuldigung!“, ruft er, während er noch immer wie wild rennt, „Wir müssen meine Aufregung kanalisieren. Was auch immer das heißen mag!“ Die Morfenmutter kann den Rest des Satzes schon gar nicht mehr verstehen, so schnell ist Furdel an ihr vorbei.

„Jammie!“, Furdel bleibt so plötzlich vor dem älteren Bruder stehen, dass seine Nase die von Jammie fast berührt, „Ich muss meine Aufregung kanalisieren. Kannst du mir dabei helfen?“

Jammie sieht zuerst Furdel und dann Börle skeptisch an. Börle erklärt: „Papa hat gesagt, Furdel muss seine Aufregung kanalisieren und du könntest ihm dabei helfen. Kannst du das bitte tun? Denn ich bin schon vollkommen fix und fertig.“ Jammie grinst über das ganze Gesicht. „Dass du aufgeregt bist, spürst du ja selbst. Und jeder kann es sehen“, erklärt er und deutet auf den noch immer zappeligen Körper seines

Bruders. „Und hören“, ergänzt er und reibt sich die Ohren, weil Furdel an diesem Tag schon allzu oft wirklich sehr laut gewesen ist.

„Aufgeregt zu sein ist ein kribbeliges Gefühl. Und wie dein Körper dir zeigt, ist es dann sehr schwer, stillzusitzen. Leider geht aber auch manches schief. Vor allem, wenn wir uns zu viel zumuten und dann durch die Zappeligkeit etwas versemmeln“, erklärt Jammie. Börle denkt an den Zusammenstoß von vorhin, das durcheinandergewirbelte Bild und das fast zerstörte Entennest und nickt. Dass Aufregung hektisch macht und dann manche Dinge schiefgehen, hat er heute selbst miterlebt.

„Deshalb musst du den Zappeldruck anders herauslassen. Du musst einen Weg finden, ihn zu nutzen, ohne dass etwas schiefgeht. Das ist das Kanalisieren. Wir könnten zum Beispiel auf der Rasenfläche Ticken spielen. Oder wir könnten ein Wettklettern machen – wobei Börle und ich da ohnehin gegen dich verlieren würden. Wir können Renn- und Bewegungsspiele spielen, damit dein Körper die ganze Aufregung herauslassen kann. Hast du Lust?“, fragt Jammie.

Börle sieht, wie Furdels Augen zu leuchten beginnen. Das lässt er sich natürlich nicht zweimal sagen. Mit einem lauten „Jucheeeeeeeee“ rennt er auf direktem Weg zur freien Wiese. Heute wird gelaufen, gerannt, getobt und gezappelt!

MITMACHÜBUNG AUFREGUNG

Aufregung und Vorfreude hast du ganz bestimmt auch schon kennengelernt. Sie fühlen sich auf zappelige Weise gut an. Wenn es kurz vor Weihnachten ist oder kurz vor deinem Geburtstag oder aber kurz vor einem anderen Tag, den du kaum erwarten kannst, dann möchtest du unbedingt, dass die Zeit noch viel schneller verfliegt. Der Moment, auf den du wartest, sollte so schnell wie möglich kommen. Häufig ergeht es uns allen dann so wie Furdel am Tag vor seinem Falltag. Der Körper ist kribbelig und hibbelig. Und manchmal gehen uns auch Sachen schief, wenn wir aufgeregt sind. Denn dann sind wir oft zu schnell und zu zappelig. Der Morfenvater hat vollkommen recht, wenn er vom „Kanalisieren" spricht. Es geht dabei darum, das innerliche Zappeln unter Kontrolle zu bekommen – aber eben, ohne dass etwas schiefgeht.

Übung: Zappelmorf

Was brauchst du?

Dich und eine Menge Zappeligkeit

Lass uns doch gemeinsam einmal schauen, wie so ein Zappeln aussehen kann. Stelle dich dafür hin. Schlackere nun als Erstes mit den Armen. Deine Hände und Arme wackeln wie ein Wackelpudding bis zu den Schultern hinauf. Als Nächstes kommen die Beine hinzu. Spürst du, wie Arme, Hände, Beine und Füße wie wild durch die Gegend zappeln? Sie bewegen sich in alle Richtungen und sind kaum zu stoppen. Kann dein Popo auch mitzappeln? Lasse ihn im Takt deiner Beine wild hin und her schwingen. Der Rücken und der Bauch wollen auch mitmachen. Auch sie schwingen hin und her und auf und ab. Dein Kopf kommt hinzu, doch mit dem bist du etwas vorsichtiger, denn der zappelt nicht so gerne. Spüre, wie dein ganzer Körper zappelt und wippt und schlackert und ruckelt. Du bist ein einziger Wackelpudding. Lasse nach und nach alle Körperteile wieder zur Ruhe kommen.

Wann immer du dich so aufgeregt fühlst, dass du gar nicht weißt, wohin mit der Zappeligkeit, lasse dem Gezappel freien Lauf. So wirst du es schaffen, deine Aufregung zu kanalisieren.

Igitt!

„Tattie, was tust du denn da nur?“ – Börle, Furdel und Jammie sehen ihre Cousine entgeistert an. Das kleine Mädchen, das zwar jünger ist als sie selbst, aber älter als die jüngste Schwester Rachil, verzieht angewidert das Gesicht.

„Ich esse Pilze“, stammelt sie und hält sich die Hand vor den Mund. Sie würgt und zieht die Augen zu schmalen Schlitzen zusammen. Ihr Hals wird eng und sie hat das Gefühl, keinen einzigen Bissen mehr hinunterschlucken zu können. „Aber lecker sind die nicht“, bringt sie heraus, bevor sie den Pilz zurück ins Beet wirft, aus dem sie ihn herausgepflückt hat. Börle stemmt die Hände in die Seiten und meint: „Natürlich sind die nicht lecker. Die sind ja auch giftig! Die SOLLEN überhaupt nicht gut schmecken!" Tatties Augen weiten sich. „Giftig?", fragt sie und die Brüder sehen ihr den Schrecken an, „Was passiert jetzt mit mir?"

Jammie widmet sich dem im Beet liegenden Pilz noch einmal ganz genau: „Er ist zum Glück nicht so giftig, dass dir etwas Schlimmes passieren wird. Dennoch wird es deinem Bauch gleich bestimmt nicht mehr ganz so gut gehen." Als hätte das, was Jammie gerade ausgesprochen hat, sich sofort bewahrheitet, hält Tattie sich die Hand vor den Mund. Sie beugt sich nach vorn, würgt und die bereits gefutterten Pilze kommen postwendend wieder aus ihr heraus. Börle, Furdel und Jammie drehen sich angeekelt weg. Denn das, was sie sehen und riechen, ist alles andere als appetitlich. Dennoch tut ihnen ihre kleine Cousine leid – schließlich ist ihnen allen schon öfter schlecht gewesen.

„Komm, wir bringen dich zu deiner Mama. Die weiß ganz bestimmt, was zu tun ist", Jammie stützt Tattie unter dem linken Arm, Börle begibt sich auf die rechte Seite und Furdel geht hinter Tattie her, um das kleine Morfenmädchen zu stützen. Es dauert nicht lange, bis sie Tatties Mutter alles erklärt haben. „Aber warum isst du denn Pilze, die dir nicht schmecken?", fragt sie verwirrt. Tattie, die sich noch immer die Hand an den Bauch hält, sieht ihre Mutter fragend an: „Aber Mama, du hast mir doch gesagt, dass ich auch Dinge essen muss, die mir nicht schmecken, weil sie wichtig für mich sind."

Erschrocken reißt die Morfentante die Augen auf: „Da ging es darum, dass du dich nicht nur an süßem Harz und knusprigen Tannenzapfen sattfuttern kannst. Du musst auch Waldbeeren und Möhren zu dir nehmen, damit dein Körper wachsen kann. Aber ich wollte doch nicht sagen, dass du alles essen musst."

Die Morfenmutter, die inzwischen von dem kleinen Zwischenfall gehört hat, kommt hinzu. „Darf ich Tattie einen Honigtee machen, damit ihr Bauch sich schnell erholt?", fragt sie und die Tante nickt dankbar. Nur wenig später trägt die Morfenmutter ein rundliches Stück Baumrinde herein: „Ich konnte ihn nicht besonders heiß machen, weil die Sonne noch nicht so warm ist. Aber ein bisschen warm ist er schon."

Tattie tut der Bauch inzwischen richtig weh. Börle, Furdel und Jammie sehen dabei zu, wie sie vorsichtig einen Schluck nach dem anderen nimmt. „Du solltest dich jetzt ein wenig ausruhen, bis es dir besser geht", schlägt die Morfentante vor und Börle und seine Familie verlassen Tatties Schlafzimmer.

„Hätte Tattie nicht merken müssen, dass der Pilz giftig ist?", fragt Börle, als die vier an die frische Frühlingsluft treten. Die Morfenmutter wiegt den Kopf hin und her. „Heute hat sie es ja gemerkt", sagt sie, „Tattie hat sich schrecklich doll vor dem Pilz geekelt. Wenn es nach ihr gegangen wäre, hätte sie ihn nicht weitergegessen. Ihr Körper hat sie schon davor gewarnt, dass der Pilz nicht gut für sie ist. Sie hatte aber falsch verstanden, was ihre Mutter wegen des Essens gemeint hat, und deshalb hat sie trotzdem versucht, ihn zu essen. Mit Ekel ist es manchmal gar nicht so einfach.“ Börle und Furdel sehen die Morfenmutter fragend an. Und auch Jammie könnte die Sache mit dem Ekel gar nicht so gut erklären.

„Wir ekeln uns vor vielen Dingen“, versucht die Morfenmutter, zu verdeutlichen, „Das kann Essen sein, das uns nicht schmeckt.“ Furdel hebt den Finger: „Wie bei mir alles, was nicht grün ist. Denn ich mag ja nur grüne Dinge essen.“ Die Morfenmutter nickt: „Ganz genau. Für einen Tronk wie dich ist nur grünes Essen gut. Alles andere schmeckt dir nicht, sodass du es gar nicht erst essen magst. Und das ist gut so. Denn sonst würde jeder Tronk leiden, wenn er versehentlich etwas nicht Grünes gegessen hätte. Aber nicht immer warnt uns der Körper, wenn wir etwas essen, was uns nicht guttut. Erinnert ihr euch daran, wie Rachil neulich fast diesen weißen Klecks auf dem Waldboden gegessen hätte?“ Börle verzieht das Gesicht. „Der Vogeldreck?“, fragt er nach, obwohl er natürlich genau weiß, worum es ging. „Ganz genau“, bestätigt die Morfenmutter, „Rachil wusste nicht, dass man das nicht macht. Aber als alle sofort aufgeschrien haben, hat sie den Klecks fallenlassen. Wir haben ihr gesagt, was es ist, und sofort hat sie sich geekelt. Das ist Ekel, den wir anerzogen bekommen. Wir ekeln uns dann so sehr vor der Vorstellung, etwas zu essen, dass wir es selbst dann nicht essen würden, wenn es gut schmecken würde. Rachil wird es sicher kein zweites Mal versuchen – obwohl sie nicht weiß, ob es nicht vielleicht doch gut schmecken würde.“

Nun meldet sich doch Jammie zu Wort. „Aber Ekel ist nicht nur das Essen", sagt er, „Es ist auch etwas, was ich sehe und nicht sehen möchte. Neulich zum Beispiel hat Walibäre sich auf einen wackeligen Baum getraut, obwohl das verboten war, weil der so morsch war. Der Baum ist gebrochen und sie hat sich einen ganz schön dicken Splitter in den Fuß getreten." Auch Börle schüttelt es bei der Erinnerung an den Anblick des blutenden Fußes. Er bestätigt: „Das sah ganz schön eklig aus."

Die Morfenmutter nickt: „Und würde von euch jemand auf den morschen Baum gehen?" Alle drei Brüder schütteln den Kopf. „Seht ihr?", fragt die Mutter, „Allein die Erinnerung an den Splitter findet ihr eklig. Deshalb würdet ihr den Fehler, den Walibäre gemacht hat, nicht machen. Ekel kann ganz viel sein – aber er ist oft wichtig. Denn häufig schützt er uns vor Fehlern, die wir ansonsten machen würden. Wie Tattie mit dem Pilz, Rachil mit dem Vogeldreck oder Walibäre mit dem Baum, an dem sie sich verletzt hat."

Börles Augen leuchten auf, doch seine Mutter spricht, bevor er etwas sagen kann: „Du wirst trotzdem auch weiterhin dein Waldgemüse essen, junger Morf. Denn manchmal finden wir etwas nicht besonders lecker, obwohl es wichtig für uns ist." Börle murmelt leise vor sich hin: „Man kann es ja mal versuchen." Und wenn er ehrlich ist, schmeckt ihm Waldgemüse ja auch manchmal ganz gut. Vor allem, wenn die Morfenmutter es ganz klein drückt und mit Baumharz und Honig vermischt.

MITMACHÜBUNG EKEL

Die Sache mit dem Ekel ist wirklich nicht besonders leicht zu verstehen. Denn Ekel fühlt sich sehr unterschiedlich an. Manchmal fühlst du Ekel direkt auf deiner Zunge, zum Beispiel, wenn etwas bitter ist oder sehr sauer oder dir ganz einfach nicht schmeckt. Manchmal fühlst du Ekel im Bauch, zum Beispiel, wenn du etwas siehst, was du nicht sehen möchtest, und dir dann plötzlich im Bauch „ganz anders“ wird. Manchmal sitzt der Ekel in deinem Kopf, zum Beispiel, wenn du gelernt hast, dass das, was du gerade mitbekommst, eklig ist.

Ekel hindert dich daran, etwas zu essen oder zu tun. Wie die Morfenmutter erklärt hat, passiert das entweder dann, wenn du es selbst als eklig empfindest, oder aber, wenn dir jemand beigebracht hat, dass es eklig ist. So essen viele Kinder Popel und finden das auch nicht besonders eklig – sonst würden sie es nicht tun. Doch mit dem Älterwerden hören sie damit auf – schließlich wurde ihnen erklärt, dass es sich beim Essen von Popeln um etwas Ekliges handelt. Im Erwachsenenalter bekommen einige sogar einen Würgereiz, wenn sie sehen, dass ein Kind einen Popel herausniest oder isst. Dieser Ekel ist gesellschaftlich anerzogen. Wir wenden uns dann ganz automatisch von dem, was wir eklig finden, ab. Versuche doch, in der folgenden Übung einige Beispiele zu finden, die du eklig findest.

Übung: Iiiiiih!

Was brauchst du?

Deine Vorstellungskraft

Versuche hier, zu unterscheiden, ob der Ekel bei diesen Beispielen anerzogen ist oder ob du diesen selbst empfindest. Probiere als Erstes, selbst zu überlegen, was dir einfällt. Wenn dir nichts mehr einfällt, schaue auf die folgenden Stichpunkte. Mache dir auch hier Gedanken, warum der Ekel in den Beispielen entsteht. Wird er selbst empfunden oder ist er eher anerzogen? Ein Hinweis: Einige der angegebenen Dinge findest du vielleicht selbst gar nicht eklig, auch das ist vollkommen in Ordnung!

- Eine blutende Wunde
- Ein bitterer Geschmack
- Sauer schmeckende Milch
- Das Quietschen von Besteck auf dem Teller
- Eine laufende Nase
- Schimmeliges Brot
- Ein spuckendes Kind
- Spinnen
- Arme, die bis zu den Schultern im Matsch versinken
- Küssende Erwachsene
- Rosenkohl
- Kratzende Nägel auf einer Tafel

Du wirst sehen, dass es gar nicht so einfach ist, zu verstehen, warum wir einige Dinge eklig finden. Die sauer schmeckende Milch zum Beispiel: Es ist durchaus möglich, dass du einen Schluck saure Milch sofort ausspuckst, weil sie für dich eklig schmeckt. Oder aber sie schmeckt dir, doch dann macht dich jemand darauf aufmerksam, dass sie schlecht ist – und du spuckst sie erst dann aus. Es bleibt dabei: Die Sache mit dem Ekel ist gar nicht so leicht zu verstehen! Wichtig ist jedoch, dass du verstehst, dass Ekel nicht umsonst da ist. Wir benötigen ihn ganz genauso wie alle anderen Gefühle auch!

Das Segelboot auf dem Teich

„Was machst du denn da, Jammie?“, Börle ruft seinem Bruder bereits aus der Ferne zu, als er über die Wiese marschiert. Er hatte schon von Weitem gesehen, dass Jammie ganz einfach still dagesessen und aufs Wasser geschaut hatte. Und da musste er natürlich unbedingt erfahren, was Jammie hier macht. Börle geht einen weiteren Schritt auf seinen älteren Bruder zu: „Langweilst du dich?“ Doch Jammie schüttelt den Kopf. „Überhaupt nicht“, meint er, „Ich entspanne mich nur. Ich sitze hier herum und sehe zu, wie das Wasser fließt.“

Börle schaut verdutzt auf das Seewasser, in welches Jammie seine Füße hält. Er könnte sich so viele verschiedene Dinge vorstellen, die er jetzt machen könnte. Zum

Beispiel könnte er Furdel holen, sich mit dem Wärmegel aus dessen Stacheln einreiben und mit einem gewaltigen Platschen in den Teich springen, dessen Wasser sein Bruder gerade beobachtet. Er könnte auch gemeinsam mit Jammie um den Teich herumrennen und sehen, wer mehr Runden schafft. Gemeinsam könnten sie doch auch schauen, welche Tierchen sich in den Grashalmen am Rand des Teiches verstecken. Aber dem Wasser beim Fließen zusehen? Zumal es ja nicht einmal wirklich fließt. Denn fließen würde es doch nur, wenn es ein Fluss wäre. Auf einem Teich wird das Wasser doch nur ein wenig durch den Frühlingswind hin und her bewegt.

„Du langweilst dich also doch?“, hakt Börle bei seinem Bruder nach. Jammie gluckst. Niemals würde Börle eine Frage unbeantwortet lassen, da ist er ganz genau wie Furdel.

„Sich zu langweilen und sich zu entspannen sind zwei unterschiedliche Dinge, Börle“, erklärt Jammie. Doch Börle schüttelt den Kopf: „Wenn du am Teich sitzt, dem Wasser beim Fließen zusiehst und sagst, du entspannst dich, ich aber sage, das ist langweilig, dann scheint das doch ein und dasselbe zu sein.“ Doch Jammie schüttelt den Kopf.

„Auf keinen Fall!“, sagt er, „Langeweile und Entspannung sind zwei unterschiedliche Dinge. Aber wir beide *empfinden* das Beobachten des Wassers unterschiedlich. Wenn du das Wasser beobachten würdest, würdest du lieber etwas anderes tun. Etwas, was Spaß macht. Zum Beispiel würdest du lieber schwimmen gehen oder rennen, habe ich recht?“ Börle nickt, hat er doch vor einigen Minuten dasselbe gedacht. Jammie fährt fort: „Dir wäre beim Beobachten des Wassers also langweilig, weil du hierzu keine Lust hast. Ich empfinde es aber vollkommen anders. Ich habe heute in der Schule schon eine Prüfung gehabt und ein Referat gehalten. Ich werde nachher noch lernen müssen, weil die nächste Prüfung für nächste Woche angesetzt ist. Deshalb sitze ich hier am Wasser. Ich brauche gerade die Ruhe, um mich zu entspannen. Ich genieße es, dass gerade nichts um mich herum passiert, verstehst du?“

Börle legt den Kopf schief. Dann stellt er fest: „Aber es passiert doch etwas. Ich bin doch bei dir und stelle dir eine Frage nach der anderen.“ Als Börle den Blick seines Bruders sieht, patscht er sich mit der Hand vor den Mund: „Ich störe gerade beim Entspannen, richtig?“ Jammie lacht auf. „Auf jeden Fall war es ruhiger, als du noch keine Fragen gestellt hast“, meint er, „Du darfst aber trotzdem hier bei mir bleiben. Ich beantworte deine Fragen gerne.“

Doch Börle schüttelt den Kopf. Auf keinen Fall möchte er Jammie stören, wenn der sich doch eigentlich gerade entspannen möchte. „Ich sitze hier einfach mit dir herum und bin vollkommen still“, bietet er an. Doch dann, als er gerade überhaupt nichts sagt, sieht er ein Blättchen auf dem Teich. Plötzlich hat er eine Idee. Übertrieben leise steht er auf, schleicht sich mit winzigen, mucksmäuschenstillen Schritten zu den Ästchen, die am Rand des Teiches liegen. Er zupft ein wenig hier, flechtet etwas dort, knotet ein bisschen an dem Ende und zwirbelt an der anderen Seite – und das alles so leise, wie er kann.

Dann setzt er sich wieder neben seinen Bruder und lässt ein kleines Boot, das er eben gebastelt hat, ins Wasser. Ganz langsam schwappt es im leicht bewegten Wasser auf und ab. Und wieder auf und ab. Es schwimmt sachte hin und dann wieder her. Börle sieht dem Boot beim Schwimmen zu, während etwas Merkwürdiges mit ihm geschieht. Sein ganzer Körper wird ganz schwer. Seine Beine liegen fest am Boden und auch sein Popo sitzt ganz fest. Er hat kein bisschen das Gefühl, zappeln zu müssen, denn diese Schwere fühlt sich wunderbar angenehm an. Börle zieht die Beine an sich, legt die Arme drumherum und den Kopf bettet er auf seine Knie. Er spürt, wie sein Gesicht ganz locker wird. Seine Augen verfolgen das Schiff, das auf dem Wasser noch immer hin und her schwimmt. Doch ansonsten regt sich nicht ein einziger Teil seines Körpers. Selbst sein Schwanz liegt auf dem Boden – und das tut er nun wirklich selten. Börle riecht den Frühlingsduft. Er riecht frisch und blumig. Der leichte Wind, der durch sein Fell weht, fühlt sich wunderbar an. Börle wirft einen kurzen Blick auf seinen Bruder Jammie, der ihm wortlos zunickt.

Endlich versteht Börle, was sein Bruder gemeint hatte. Die Welt steht niemals still. Sie ist immer und immer in Bewegung. Oft ist es laut um ihn herum und manchmal ist er selbst auch wirklich sehr laut. Dann ist es unruhig. Eigentlich kann Börle Unruhe ganz gut leiden. Er springt und hüpft und spielt und rennt doch wirklich gerne umher. Doch manchmal, so wie jetzt, ist die Stille etwas ganz Besonderes. Es fühlt sich so an, als wäre die Welt um ihn herum für einen kurzen Moment stehengeblieben. Ob sie wohl auch Zeit braucht, um durchzuatmen? Börle spürt, wie er immer langsamer denkt. Es fühlt sich ein wenig so an, als wäre sein Kopf kurz vor dem Einschlafen, so wie abends, wenn er in seinem Bett aus Tannennadeln liegt. Börle sieht seinem kleinen Schiffchen zu, wie es nichts anderes tut, als hin und her zu schwappen. Und dann hört Börle ganz auf, zu denken. Denn er hat nichts anderes zu tun, als seinem Schiff zuzusehen. Auf und ab. Und auf ... Und ab ... Und auf ... Und ...

MITMACHÜBUNG ENTSPANNUNG

Börle hat ganz recht, als er feststellt, wie schnell alles um uns herum ist. Oft sind wir den ganzen Tag über in Gange. Kindergarten oder Schule, Hausaufgaben, Lernen, Verabredungen oder Hobbys. Einiges davon magst du vielleicht lieber als anderes. Doch auch, wenn du Dinge gerne tust, hast auch du vielleicht manchmal gar keine Zeit, dich zu entspannen. Doch das ist besonders wichtig. Denn wenn wir uns entspannen, können wir unsere Akkus wieder aufladen – und dann wieder voll durchstarten. Entspannung ist ein anderes Gefühl als Langeweile. Vielleicht fällt es dir am Anfang gar nicht so leicht, das eine vom anderen zu unterscheiden. Doch wenn du ein wenig übst, wirst du verstehen, dass Entspannung ein wirklich sehr, sehr schönes Gefühl ist. Lass uns gemeinsam einmal fühlen, wie sich Entspannung anfühlt. Am besten sollten wir uns davor kräftig anspannen. Denn dann können wir Entspannung am leichtesten fühlen.

Übung: Ganz, ganz ruhig

Was brauchst du?

Ggf. eine Matte oder Unterlage zum Hinlegen

Lege dich auf den Boden. Krampfe nun deine Zehen so sehr zusammen, wie du kannst. Halte diese Position. Wenn deine Füße ein wenig zu zittern beginnen, ist das okay. Halten. Eins ... Zwei ... Drei ... Und loslassen. Als Nächstes sind die Beine dran. Spanne die Waden und Oberschenkel richtig fest an. Halten. Weiter halten. Eins ... Zwei ... Drei ... Und loslassen. Achte darauf, dass deine Füße und Beine nach dem Anspannen wieder richtig gut entspannen. Sie liegen dann vollkommen locker da. Mache diese Übung mit all deinen Körperteilen nacheinander, erst mit dem Po, dann dem Bauch und dem Rücken. Anschließend mit den Armen. Vergiss auch hier die Hände nicht. Dann mit dem ganzen Gesicht. Es darf sich so sehr anspannen, als hättest du in eine saure Zitrone gebissen. Spanne ganz am Schluss deinen ganzen Körper noch einmal richtig kräftig an. Du bist ein Brett und vollkommen steinhart. Halte die Spannung. Und weiter halten. Und noch weiter halten. Eins ... Zwei ... Drei ... Und wieder lösen.

Bleibe einen Moment auf dem Boden liegen. Denn das, was du jetzt spürst, ist Entspannung. Dein ganzer Körper ist vollkommen entspannt und liegt ganz und gar ruhig da. Vielleicht kribbelt er ein wenig oder er wird etwas warm. Das ist völlig normal.

Nimm dir in deinem Alltag ganz bewusst Momente der Entspannung. Lasse dann auch deinen Kopf entspannen. In diesen Momenten hast du keinerlei Druck und nichts zu tun. Du darfst dann einfach in dem Moment sein und dich dort vollkommen wohlfühlen. Und wenn du anschließend weiter in den Tag startest, dann wirst du es mit einem Gefühl der Entspannung tun – und mit vollgeladenen Akkus.

Die Kunst, sich in Luft aufzulösen

Börle schaut angestrengt zum Boden. Da ist ein ganz winziger Zapfenkrümel, den er auf keinen Fall aus den Augen lassen darf. Schließlich könnte ein so kleiner Krümel plötzlich anwachsen, groß und größer werden und sich in einen ganzen Tannenzapfen verwandeln.

Natürlich weiß Börle, dass das nicht so einfach geschieht. Denn aus einem Zapfenkrümel müsste sich schon ein Baum bilden, der dann wiederum Zapfen trägt. Und so etwas geht nicht im Handumdrehen. Und doch möchte er unbedingt den Eindruck erwecken, dass dieser Krümel besonders wichtig sei. Denn auf gar keinen Fall möchte er seinen Mitschülern in die Augen sehen. Nie wieder wird er sie ansehen, da ist er sich vollkommen sicher. Auch sein Schwanz, der immer in die Richtung deutet, in die er gehen sollte, weist zum Ausgang des Klassenbaumes. Würde er ihm folgen, dann wäre er ratzfatz aus dem Klassenbaum hinausgestürmt, nach Hause gelaufen und hätte sich in seinem unterirdischen Zimmer verkrochen. Vielleicht würde er sogar den Eingang verbarrikadieren und dort bleiben. Sich für immer von unterirdischer Erde ernähren und niemals wieder jemandem unter die Augen treten.

Börle spürt, wie Furdel ihm in die Seite stupst. „Hey, kann doch jedem mal passieren", meint sein Bruder und will ihn sicher aufmuntern. Doch Börle kann sich nicht aufmuntern lassen. Denn dass er mitten im Unterricht einen kleinen Pups losgelassen hat, wird wohl niemand je vergessen. Es war ganz still gewesen und die ganze Zeit schon war Börle auf seinem Stuhl hin und her gehibbelt, weil er am Vortag ein wenig Kohl gefuttert hatte. Und dann war es plötzlich passiert. Es war zwar nur ein ganz kleiner Pups, doch Börle spürte, wie alle Augen sich auf ihn richteten. Er hörte ein leises Kichern aus der Ecke und bemerkte das Getuschel seiner Mitschüler. Es fühlte sich so an, als hätte sich über ihm eine Lampe eingeschaltet. Eine Lampe, die nur ihn alleine beleuchtet, und jeder könnte einen Blick auf das kleine Pupsmonster werfen. Als Börle roch, dass der kleine Pups sich um ihn herum verbreitete, war es um ihn geschehen. Das würde er sicher nie wieder loswerden. Am liebsten würde er die Lampe über sich ausschalten und in einem tiefen, schwarzen Loch versinken.

Als der Unterricht endet, kann Börle gar nicht schnell genug aus dem Klassenbaum herauskommen. Ganz alleine rennt er nach Hause, so schnell er kann. An diesem Nachmittag sieht ihn niemand mehr im Morfenwald. Und als seine Mutter vorsichtig in den Eingang seines Zimmers hereinblinzelt, bittet er sie, zu gehen.

Am nächsten Morgen spürt Börle das gewohnte Kribbeln. Das spürt jeder Morf, wenn er morgens wach wird und zum Ausgang des Zimmers krabbeln soll. Dann stehen alle Morfe auf, suchen sich nach Tannennadeln ab und kriechen gleichzeitig aus ihren unterirdischen Zimmern heraus. Doch dieses Mal wehrt der kleine Morf sich gegen das Gefühl. Er bleibt einfach in seinem Bett liegen. Als seine Mutter einige Zeit später wieder in sein Zimmer krabbelt, lässt sie sich nicht abwimmeln. „Mir ist schlecht, ich habe Kopfweh und Ohrenschmerzen“, flunkert der Morf. Doch die Mutter weiß bereits von Furdel, was am Tag zuvor geschehen ist.

„Du schämst dich wirklich schrecklich, nicht wahr, mein Kleiner?“, fragt sie und Börle verkriecht sich noch ein wenig mehr in seinem Tannennadelbett. „Weißt du“, spricht die Mutter weiter, „jeder von uns schämt sich manchmal. Das ist ganz normal. Dir ist gestern etwas passiert, was dir peinlich war. Das fühlt sich für dich vielleicht nicht besonders schön an. Aber die anderen haben es schon bald vergessen, glaub mir.“ Börle blinzelt mit einem Auge aus seinem Bett hervor. „Kann gar nicht sein“, meint er, „Das wird die ganze Welt niemals vergessen.“ Die Morfenmutter lacht und streicht ihrem Morfenjungen über den Kopf. Dann lehnt sie sich ganz dicht zu ihm hinüber, zuppelt ein wenig an seinem Morfenohr – schließlich will sie ganz sicher sein, dass er es nicht einfach einrollt und sie nicht mehr hören kann – und flüstert ihm etwas zu. Börle sieht seine Mutter erstaunt an. Niemals hätte er gedacht, dass sie eine Geschichte mit sich herumtragen würde, die noch peinlicher wäre als seine eigene. „Und was hast du dann gemacht?“, fragt er. Erneut flüstert die Morfenmutter dem kleinen Morfen etwas zu. Und dann weiß er endlich, was er zu tun hat.

„Das war total doof für mich gestern“, gibt Börle noch am Morgen zu, als er vor seinen Klassenkameraden steht. Noch immer beobachtet er die Krümel auf dem Boden. Er fährt fort: „Ich hab das nicht mit Absicht gemacht und ich mag gar nicht daran denken, wie peinlich das ist. Ich schäme mich so.“ Börles Körper sackt noch ein wenig weiter in sich zusammen. Doch Frau Mock legt ihm eine Hand auf die Schulter.

„Ich finde, du warst gerade so richtig mutig!“, sagt sie, „Dass du uns erzählst, wie es dir geht, ist dir bestimmt nicht leicht gefallen. Niemand hier wird dich deswegen ärgern.“ Die Lehrerin wirft einen Blick auf die Mitschüler. Jeder weiß, dass es Börle wirklich nicht besonders gut geht. Auch Börle schaut für einen winzigen Moment auf. Er sieht, wie Drömels Hand in die Höhe schießt. „Ich schäme mich auch manchmal“, gibt er zu, „Vor allem, wenn ich mich mal wieder irgendwo festgeklebt habe und alleine nicht mehr wegkomme. Manchmal lachen die anderen dann. Aber ich finde das gar nicht gut." Börle staunt. Er hätte gar nicht gedacht, dass sein Freund sich deswegen schämt. Auch Bertho hebt die Hand – und das tut er wirklich nur ganz selten. „Ich rede nicht gern", sagt er. Börle denkt, dass er fertig ist mit dem Sprechen, doch erstaunlicherweise spricht er weiter: „Ich denke lieber, als zu sprechen. Ich schaue auch lieber zu, anstatt etwas zu sagen. Das ist, weil ich viel denke und beobachte. Aber ein bisschen schäme ich mich auch, zu sprechen. Ich mag nichts Falsches sagen." Und dann sagt plötzlich ein Schüler nach dem anderen, weshalb er sich manchmal schämt. Da sind Schüler, die nicht gerne vor anderen den Baum hochklettern, weil sie sich dabei nicht wohlfühlen. Ein Morfenmädchen sagt, dass sie sich einmal geschämt hat, weil sie die Hausaufgaben vergessen hatte. Und ein Slack erzählt, dass er einmal vor anderen Slacks singen musste und sich geschämt hat, als er den Text vergessen hat.

Und Börle? Der schämt sich mit einem Mal gar nicht mehr so sehr für seinen kleinen Pups. Er versteht, dass sich jeder mal schämt. Und auch, wenn es kein schönes Gefühl ist, ist es dennoch etwas ganz Normales und Natürliches. Und mit einem Mal schafft der kleine Morf es, seinen Blick vollständig vom Zapfen zu lösen. Als er sich auf den Weg zurück zu seinem Sitzpilz macht, kann er seinen Mitschülern wieder in die Augen sehen. Und das ist viel besser als das Gefühl, mit dem er sich gestern in seinem Zimmer verkrochen hat. Er weiß nun, dass etwas nur dann so richtig peinlich ist, wenn er zulässt, dass es sich peinlich anfühlt.

MITMACHÜBUNG SCHAM

Ist dir aufgefallen, was Börle getan hat? Am Anfang hat er versucht, dem Schamgefühl aus dem Weg zu gehen. Das ist ganz normal und wir alle würden es am liebsten tun. Niemand von uns begibt sich gerne in Situationen hinein, in denen er sich schämt – auch Börle nicht. Doch die Kopfweh und Ohrenschmerzen, die er vorgetäuscht hat, sind gar nicht so abwegig. Denn wenn wir versuchen, dem Schamgefühl zu entgehen oder ihm uns immer wieder stellen müssen, ohne dagegen etwas tun zu können, dann kann das tatsächlich schnell zu Bauch-, Ohren- oder Kopfschmerzen führen. Viel sinnvoller ist es, zuzugeben, wenn man sich schämt. Das ist total schwierig! Denn Scham ist ein richtig doofes Gefühl. Wir empfinden es manchmal, wenn wir etwas tun sollen, was wir nicht tun möchten. In diesem Fall müssen wir überlegen, ob wir es wirklich tun müssen oder ob wir es eben nicht tun. Wenn du vor anderen nicht singen magst, dann kann das auch niemand von dir verlangen! Ebenso, wenn du nicht gerne vor anderen sprichst, sondern lieber für dich denkst. Dennoch ist es manchmal wichtig, über sich hinauszuwachsen und etwas zu probieren, obwohl man es nicht mag. Zum Beispiel, wenn du in der Schule ein Referat halten sollst oder unaufgefordert aufgerufen wirst. Manchmal schämen wir uns auch, wenn wir einen Fehler gemacht haben. In beiden Fällen haben wir eine Möglichkeit, die helfen kann.

Übung: Schäm dich (nicht)

Was brauchst du?

Eine kleine Portion Mut

Deine Aufgabe ist es nun, zu sagen, dass du dich schämst oder mit etwas nicht wohlfühlst. Das klingt ganz einfach – dennoch ist es eine gute Übung, wenn du wirklich in eine ähnliche Situation kommst. Wenn du es ein paar Male geübt hast, wird es dir dann sehr viel leichter über die Lippen kommen. Sprich zur Übung gerne einmal folgende Sätze:

- „Ich fühle mich dabei gerade überhaupt nicht wohl. Am liebsten würde ich etwas anderes machen."
- „Ich habe einen Fehler gemacht und dafür schäme ich mich. Ich möchte es gerne wiedergutmachen."
- „Ich mag das wirklich nicht machen. Und weil es mir dabei schlecht geht, werde ich es auch nicht machen."
- „Ich habe Angst, dass ich ausgelacht werde, und möchte das deshalb nicht gerne machen."
- „Ich traue mich nicht, weil ich mich schäme. Vielleicht ein anderes Mal."

Übe diese Sätze gerne immer wieder, damit du sie nutzen kannst, wenn du sie brauchst. Du wirst sehen, dass sie dir leichter über die Lippen gehen, wenn du sie geprobt hast.

Tipp: Manchmal lässt sich Scham auch ganz einfach weglachen. Hast du schon einmal versucht, mit den anderen mitzulachen, wenn dir etwas peinlich war, anstatt vor Scham im Boden zu versinken? Das kann äußerst befreiend wirken und so richtig guttun – auch das darfst du sehr gerne ausprobieren.

Drei Zentimeter größer

Die Sonne strahlt zwischen den Zweigen des Morfenwaldes hindurch, die Blümelein strecken ihre Köpfe dem Sonnenlicht entgegen und leise Vogelstimmen singen durch den Wald. Langsam werden die Strahlen wärmer und der letzte Rest des vergangenen Winters vergeht. Börle, Jammie und Furdel haben Wochenende, sodass sie heute nicht zur Schule müssen. Börle geht im Wald auf und ab und malt Bilder mit einem Stock in den Boden. Furdel übt sich darin, noch schneller an noch höheren Bäumen hinaufzuklettern, und Jammie hat sich einen Grashalm zwischen die Zähne gesteckt und hält das Gesicht in die Sonne. „Was haltet ihr von einem Ausflug?", fragt der Morfenvater und unterbricht damit das Tun seiner Söhne. Die Frage ist nicht wirklich ernst gemeint.

Schließlich weiß er, dass sich seine Rasselbande niemals einen Ausflug entgehen lassen würde.

„Wohin wollen wir denn?“, fragt Furdel, der bereits aufgeregt auf- und abspringt. „Nun ja“, antwortet der Morfenvater. Er lässt sich bei seiner Antwort besonders viel Zeit. Er möchte die Morfenkinder unbedingt ein wenig auf die Folter spannen. Dann lässt er die Bombe endlich platzen: „Wie wäre es mit dem Kletterwald?“ Die Antwort der Kinder besteht aus einem einzigen Gejubel. Lachend hält der Morfenvater sich die Ohren zu und ruft seine Frau: „Hast du gehört? Ich glaube, unsere Söhne haben keine Lust, klettern zu gehen. Du kannst also doch mit Rachil alleine einen Spaziergang machen.“ Börle, Jammie und Furdel boxen dem Morfenvater in die Seite, bis er sich freiwillig ergibt.

„Na na“, tadelt die Morfenmutter lachend, „Powert euch nicht jetzt schon so sehr aus. Ihr braucht noch Kraft für den Kletterwald.“ Und dann geht es endlich los. Der Kletterwald ist etwas wirklich Besonderes! Die Kinder können unterschiedlich schwierige Strecken entlangklettern, können hoch hinaus und unter den dicken Wurzeln hindurchkraxeln. Sie können an langen, dünnen Ästen durch die Luft wirbeln und sich richtig austoben.

„Darf Rachil denn auch klettern?“, fragt Börle, der seine kleine Schwester an die Hand genommen hat. Und die Frage ist vollkommen berechtigt. Denn eigentlich sind Morfe so überhaupt nicht fürs Klettern gemacht. Tronke wie Furdel und Slacks wie Drömel können es schon sehr früh ganz hervorragend. Aber Morfe lernen es in der Regel erst in der Schule – und haben dabei ganz schön zu knabbern, wie Börle aus eigener Erfahrung weiß. „Ich weiß nicht genau", antwortet die Morfenmutter. Sie war bisher noch nie im Kletterwald und kann darum noch nicht einschätzen, ob es etwas für das kleine Morfenmädchen ist: „Wir werden spontan entscheiden, einverstanden?" Rachil sieht die Morfenmutter mit großen Augen an. „Ich auch klettern", sagt sie bittend. Sie hat inzwischen die ersten Worte gelernt und kann schon ziemlich gut sagen, was sie gerne möchte. Aber ob sie deswegen schon bereit ist, den Kletterwald in Angriff zu nehmen? Das weiß auch Börle beim besten Willen nicht.

„JUPPIDU!", ruft Furdel und rennt los, als er die ersten Bäume des Kletterwaldes entdeckt. Auch Jammie macht sich fröhlich auf den Weg. Inzwischen dürfen die drei sich frei im Wald bewegen. Vor einiger Zeit, als sie das erste Mal dort waren, hatte der Morfenvater noch ganz genau geschaut, ob sie sich auch wirklich nicht überschätzen. Doch nun sind sie bereits so oft im Kletterwald gewesen, dass sie ganz genau wissen, was sie schaffen können und was nicht. „Na Börle, was ist mit dir? Möchtest du nicht auch losflitzen?", fragt die Morfenmutter, als sie erkennt, dass Börle es nicht eilig zu haben scheint. Doch Börle zuckt mit den Schultern. Er hält seine kleine Schwester noch immer gut an der Hand. „Ist es nicht ein bisschen fies, wenn Rachil uns zusehen muss?", fragt er. Die Morfenmutter schüttelt den Kopf.

„Wir haben Spielsachen für sie eingepackt“, meint sie und deutet auf die aus Zweigen geflochtene Tasche, „Sie ist nun einmal kleiner und darf noch nicht all das, was ihr dürft. Ich werde mich gleich erst einmal umsehen und dann entscheiden. Einverstanden?“ Börle nickt und dann kitzelt es auch ihn in den Füßen. Er rennt los und kraxelt einen ziemlich hohen Baum hinauf. Dann hält er sich an einem der Zweige fest und rutscht an ihnen hinunter, bis ganz zum Boden. Er schreit vor Freude, als ihm im Flug der Wind das Fell nach hinten weht. Als Nächstes balanciert er über einen umgefallenen Baumstamm. Fast wäre er an einer Seite hinuntergefallen, doch im letzten Moment kann er sich halten. Stolz blickt er zu seinen Eltern. Sein Vater zeigt ihm einen Daumen nach oben. Also haben sie beide gesehen, wie er sich halten konnte. Das macht ihn direkt noch ein wenig stolzer.

Doch dann fällt sein Blick auf Rachil. Er sieht ihr jammerndes Gesicht. Und auch, als seine Mutter ihr das liebste Spielzeug unter die Nase hält, ändert sich ihr Gesichtsausdruck nicht. Die Morfenmutter nimmt Rachil auf den Schoß, doch sie sieht noch immer sehr unglücklich aus. Da fasst Börle einen Entschluss. Er flitzt zu seinen Eltern hinüber und flüstert seiner Mutter etwas ins Ohr. Als sie nickt, streckt Börle glücklich eine Hand nach seiner Schwester aus. „Du musst aber ganz vorsichtig sein“, sagt er in brüderlichem Tonfall, „Das, was wir jetzt machen, ist nämlich eigentlich nur etwas für große Morfen wie mich. Doch ich denke, du kannst es schaffen. Was meinst du?“ Sofort hellt sich das Gesicht seiner Schwester auf. Es dauert nicht lange, bis auch Furdel und Jammie an seiner Seite erscheinen. Gemeinsam hieven die das

Morfenmädchen auf den umgefallenen Baumstamm. Furdel stellt sich hinter sie, während Börle und Jammie links und rechts neben dem Baumstamm gehen und jeweils eine Hand ihrer Schwester halten. Rachil jauchzt, als sie von ihren Brüdern gestützt den ganzen Baumstamm entlangbalanciert. Sie klammert sich an den Händen ihrer Brüder fest und spürt immer wieder die stützenden Arme ihres dritten Bruders, wenn sie ins Schlingern kommt. Und Börle? Der fühlt sich, als wäre er drei Zentimeter größer als noch heute Morgen. Er spürt die stolzen Blicke seiner Eltern, die ihnen zusehen, wie sie der kleinen Schwester etwas Neues beibringen. Er sieht auch, wie andere Kinder und Eltern ihnen zusehen. Und jedes Mal, wenn Rachil sich umdreht, um den Baumstamm hin und dann wieder zurück und dann wieder hin und dann wieder zurück zu balancieren, wird sie ein wenig sicherer.

„Ich glaube, du bist bereit für die Rutsche", meint Börle, als die Schwester zum ersten Mal ohne Hilfe den Baumstamm entlangwandert. Gemeinsam helfen die Brüder ihr einen kleinen, umgeknickten Baum hinauf. Börle nimmt das Morfenmädchen auf den Schoß und rutscht mit ihr an dem schräg liegenden Baumstamm hinunter. Das Mädchen kreischt vor Freude und Börle könnte sich nicht glücklicher fühlen. Heute haben er und seine Brüder dafür gesorgt, dass es ihrer kleinen Schwester so richtig gut geht. Und er ist so stolz wie schon sehr, sehr lange nicht mehr.

MITMACHÜBUNG STOLZ

Es gibt viele unterschiedliche Gründe, um stolz zu sein. Börle ist stolz, weil er es als großer Bruder geschafft hat, seine Schwester glücklich zu machen und weil er ihr etwas Neues beigebracht hat. Manchmal ist man auch stolz, weil man selbst etwas schafft, was man noch nie zuvor geschafft hat. So war auch Rachil bestimmt sehr stolz, als sie den Baumstamm allein entlangbalanciert ist. Und ein anderes Mal ist man stolz, wenn man sieht, wie jemand, den man gernhat, etwas Tolles schafft. Auch Börles Eltern waren ganz sicher stolz, als sie gesehen haben, wie die drei Söhne der Tochter geholfen haben. Stolz ist ein Gefühl, das dich wachsen lässt – natürlich nicht in Wirklichkeit, aber im Kopf. Du fühlst dich plötzlich größer und stärker, ein wenig, als könntest du alles schaffen. Und das kann man deinem Körper und Gesicht ganz bestimmt auch ansehen.

Übung: Stolz wie Börle

Was brauchst du?

Spiegel

Vielleicht hast du einen Spiegel zuhause, in dem du deinen ganzen Körper sehen kannst. Wenn nicht, versuche, in einem Spiegel so viel von deinem Körper zu sehen, wie du kannst. Die Übung, die du jetzt lernst, kannst du gerne jeden Tag machen, bevor du aus dem Haus gehst. Sie hilft dir dabei, dich stolz zu fühlen. Stelle dich vor den Spiegel und siehe dir deinen Körper gut an. Stelle dir nun vor, dass du etwas ganz Tolles geschafft hast. Straffe die Schultern, ziehe sie also ein wenig nach hinten. Stelle dir vor, wie du vor Stolz ein wenig größer wirst. Stelle dich aber nicht auf die Zehenspitzen. Richte stattdessen deinen Körper richtig schön auf. Sieh dir nun in die Augen und nicke dir selbst zu.

Sage dir laut: „Ich habe das gut gemacht! Ich bin großartig!"

Glaube dir selbst, dass du großartig bist, denn das bist du tatsächlich. Sage dir, dass du wichtig bist, dass du stolz auf dich sein darfst. Denn du bist einzigartig und wundervoll – und genau richtig, wie du bist! Behalte diese Körperhaltung bei, auch wenn du nicht mehr in den Spiegel siehst. Denn wenn deine Körperhaltung Stolz ausdrückt, dann glaubt dir auch dein Gehirn, dass du gerade stolz auf dich bist. Und dieses wiederum sorgt dafür, dass du sehr viel öfter zulassen kannst, stolz auf dich selbst zu sein. Das wäre doch prima, nicht wahr?

Ein wundervolles Miteinander

„Das schaffen wir niemals!" – Börle rennt lachend hinter seiner Familie her. Er ist der Vorvorletzte, nach ihm folgen nur noch Rachil und die Morfenmutter, die das Mädchen auf den Armen hält. „Oh doch, das werden wir schaffen!", ruft der Morfenvater, der die Familie rennend anführt.

Es hatte an diesem Morgen als einfache Schnipseljagd angefangen. Bei diesem Spiel verteilt eine Gruppe von Morfen viele Baumrindenschnipsel im Morfenwald. Zwei weitere Gruppen, die gegeneinander antreten, müssen dann den Schnipseln folgen und so schnell wie möglich den Ort finden, den die erste Gruppe als Ziel ausgewählt hat. Manchmal sind auch Hinweise versteckt, die den Morfen zeigen, in welche

Richtung sie weitergehen müssen. Natürlich werden die Morfenschwänze für dieses Spiel auf dem Rücken festgebunden. Denn die sollen selbstverständlich nicht verraten, in welche Richtung die Morfe gehen sollen. Jedes Jahr, wenn der Frühling die ersten Blümchen wachsen lässt, treten unterschiedliche Morfengruppen in der Schnipseljagd gegeneinander an. Es gibt einen großen Pott Leckereien zu gewinnen, die im Laufe des ganzen Jahres von allen Morfen gesammelt werden. Noch nie haben Börle und seine Familie diesen Pott gewonnen. Immer hatte der Morf dabei zusehen müssen, wie andere die getrockneten Beeren, die zerstampften Blätter und die Harzbonbons gefuttert haben.

Doch heute hätte alles anders sein können. Denn Börle ist mit seiner Familie im großen Finale gelandet. Sie sind zusammen gerannt, Börle und Jammie hatten Furdel aufgeholfen, als er gestürzt war, und jedes Familienmitglied hatte Rachil ein Stück getragen, weil sie nun einmal sehr viel langsamer war als alle anderen. Ja, Börles Familie hat sich bisher wirklich gut geschlagen. Sie sind sich vollkommen sicher, dass sie nur noch wenige Schritte vom großen Pott entfernt sind – als es passiert. Bis gerade eben haben sie vom gegnerischen Team nicht einmal den leisesten Windhauch gespürt. Gerade eben hatte die Morfenmutter schon sagen wollen, dass sie den Siegerpott bereits riechen kann. Doch dann schlägt sich das gegnerische Team direkt neben ihnen durch die Bäume und rennt so schnell los, dass Börle und seine Familie nur noch den Windhauch spüren. Sie brauchen sich nicht absprechen, um zu wissen, was sie tun müssen.

Auch Börle und seine Familie nehmen die Beine in die Hände. Natürlich nicht in Wirklichkeit, denn dann würden sie schrecklich auf die Nase fallen. Aber sie rennen, was das Zeug hält. Doch ob sie eine Chance haben werden, ist noch unklar. Denn das gegnerische Team ist ihnen ein Stückchen voraus. Börle japst bereits nach Luft und spürt, wie er die anderen hinter sich verliert. Schon immer war er der Schnellste in der Familie. „Börle!", hört er plötzlich die Stimme seines Vaters hinter sich. Er bleibt so abrupt stehen, dass sich seine Füße in die Erde graben. Er weiß ganz genau, dass er seinem Vater vertrauen kann, wenn der ihn mit seinem Ruf bittet, anzuhalten. Nur Sekunden später spürt Börle den starken Griff, mit dem sein Vater ihn auf die Arme nimmt. Er wirbelt ihn im Kreis herum, bis Börle ganz anders zumute wird. „Da vorne …", sagt er mit erstickter Stimme, „… ist der Pott." Börle wird immer schwindeliger, so schnell drehen sich die beiden. „Ich werfe dich rüber", sagt der Morfenvater. Börle reißt die Augen auf. Mit dem Schwung, den er draufhat, wird er sicher sehr weit fliegen. „Nur so gewinnen wir", ergänzt der Vater außer Puste. Börle krallt sich an ihm fest, doch der Vater nickt ihm zu. „Vertrau mir", sagt er und nickt seinem Sohn zu. Börle nickt ebenfalls. Er weiß genau, dass sein Vater weiß, was er tut. Und dann fliegt er auch schon durch die Lüfte. Er sieht, wie das gegnerische Team ihm hinterhersieht, als er in hohem Bogen an ihnen vorbeifliegt. Doch sein Vater hat nicht nur die Flugbahn perfekt berechnet, sondern Börle auch noch so sicher geworfen, dass der junge Morf direkt auf seinen Füßen landet. Jetzt sind es nur noch zwei Schritte bis zum großen Pott. Börle überwindet die kurze Distanz und greift nach dem Schatz. Hinter ihm sieht er seine Familie jubeln und in die Luft springen. Er erkennt, dass das gegnerische Team mit offenem Mund dasteht. Sie waren sich ganz bestimmt schon sicher, dass sie siegen würden.

„Wie konntet ihr wissen, dass das klappt?“, fragen viele, viele Morfe, als Börle und seine Familie über den Pott aus Leckereien herfallen. Und Börles Vater erklärt: „Das hatte etwas mit Vertrauen zu tun. Wir kennen uns in unserer Familie in- und auswendig. Ich wusste ganz genau, dass Börle fliegen muss. Jammie mag Schnelligkeit nicht besonders und Tronke fliegen langsamer als Morfe, weil sie viel leichter sind. Rachil ist noch zu klein zum Fliegen. Also musste es Börle sein.“ Stolz legt die Morfenmutter ihre Arme um ihre Familie. „Wisst ihr“, ergänzt sie, „Meine Familie ist etwas ganz Besonderes! Zusammen schaffen wir alles. Das kommt, weil wir uns sehr liebhaben und weil wir uns blind vertrauen können.“

Der Obermorf, der das Morfenland schon sehr lange leitet, nickt. „Ich muss sagen ...“, meint er, „dass ich das nur bestätigen kann. Erinnert ihr euch, dass ihr vor langer Zeit ein kleines Wesen aufgenommen habt, das so ganz und gar anders war als ihr selbst? Und das, obwohl ich davon abgeraten hatte.“ Furdel grinst übers ganze Gesicht. Natürlich weiß er, dass er gemeint ist. Der Obermorf fährt fort: „Und obwohl ich davon abgeraten hatte, gab es dieses Wunder der Liebe, das euch zu einer großen Familie gemacht hat. Ihr seid zwei Morfeneltern mit drei Morfenkindern und einem Tronkenkind. Ihr habt das alles entstehen lassen. Durch eure Liebe und euer

Vertrauen konnten all diese Wunder überhaupt erst entstehen. Ihr habt den Pott zurecht gewonnen! Denn wer sich so vertraut, der darf sich auch einen Schatz verdienen."

Die Morfenmutter steht auf und verteilt die Leckereien an alle umsitzenden Morfe. „Dieser Pott ist wirklich ein toller Schatz!", sagt sie, bis alle Leckereien gerecht verteilt sind, „Doch den allergrößten Schatz habe ich bereits!" Und als sie ihre Familie ansieht, erkennt auch Börle, dass der größte Schatz die Familie ist, in der er leben darf. Und das ist echt unschlagbar!

MITMACHÜBUNG LIEBE

Oft vergessen wir im Alltag, was wirklich wichtig ist. Vor allem, wenn wir viel Stress haben, sind wir oft zu abgelenkt, um zu erkennen, was uns wirklich etwas bedeutet. Dabei haben der Obermorf und die Morfenmutter recht. Das, was wir lieben, ist das Wertvollste, was wir haben.

Übung: Ich hab dich lieb

Was brauchst du?

Stift

Zettel

Schere

Diese Übung soll dir verdeutlichen, was du so richtig lieb hast. Nimm dir hierfür einen Stift, einen Zettel und eine Schere. Male ein großes Herz auf den Zettel und schneide es anschließend aus. Wenn du Hilfe brauchst, frage jemanden, der dir etwas bedeutet.

Schreibe anschließend all das auf, das du liebhast. Das können deine Eltern sein oder deine Geschwister, Tanten und Onkel, Großeltern, vielleicht auch ganz besondere Freunde. Die hast du vielleicht nicht wirklich lieb – nicht so, wie du deine Familie liebhast. Dennoch sind sie ein wichtiger Teil in deinem Leben.

Schreibe anschließend auf, wem du vertraust. Vielleicht sind es Lehrer oder Nachbarn, andere Verwandte oder weitere Freunde. Vielleicht kommen auch Tiere auf deinem gebastelten Herzen hinzu, denn auch Tiere können wir ganz besonders liebhaben.

Im Laufe deines Lebens werden noch einige Personen hinzukommen, die jetzt noch nicht auf deinem Herzen stehen. Vielleicht werden auch einige wegfallen, weil ihr irgendwann weniger Kontakt miteinander habt. Und dennoch sind es alles Personen, die zu einer bestimmten Zeit in deinem Leben in deinem Herzen sind.

Diese Herzensmenschen (oder Herzenstiere) sind das Wertvollste, was wir jemals im Leben haben werden. Denn wir können ihnen vertrauen – sie sind es, denen wir all unsere Gefühle anvertrauen können, wenn wir es brauchen.

Schreibe gerne auf, wenn neue Menschen in dein Leben treten, die du liebhast oder denen du vertraust. Denn diese Menschen werden für immer ein Teil deines Herzens sein. Und das ist etwas ganz Wundervolles!

Der Gefühlskessel

Es ist ein wunderschöner, warmer Frühlingstag, als Börle in die Gesichter seiner Klassenkameraden blickt. Drömel schaut irgendwie drömelig, das ist ganz normal. Denn bei Drömel kann man nie so ganz genau erkennen, welche Gefühle in ihm stecken. Furdel sieht etwas verträumt aus, vielleicht ein bisschen müde. Walibäre hingegen sitzt auf dem ganz hinteren Pilz im Klassenbaum und schaut aufmerksam zur Tafel. Ihre Augen sind wach und freundlich und sie scheint fröhlich zu sein. Bertho, der nie besonders viel redet, sieht ganz entspannt aus. Er hat offenbar gerade nicht allzu viel Stress. Börle lässt seinen Blick von einem zum anderen wandern. Er erkennt viele Gefühle, die auch er in letzter Zeit deutlich bei sich wahrgenommen hat. Ein Slackmädchen schaut etwas verunsichert drein, fast schon etwas ängstlich. Ein weiterer Morf sitzt mit verengten Augen und zusammengepressten Lippen da. Er ist offensichtlich unzufrieden, vielleicht sogar wütend. Bei einem Slackjungen kullert ein Tränchen hinunter. Er ist bestimmt traurig. Und ein Morfenmädchen kann überhaupt nicht stillsitzen. Sie zappelt scheinbar aufgeregt auf ihrem Platz herum.

Als Börle sich alle Mitschüler angesehen hat, konzentriert er sich auf sich. Er fragt sich, wie er sich eigentlich gerade fühlt. Eigentlich würde er sich als entspannt bezeichnen. Trotzdem wurmt es ihn ein wenig, dass jeder seiner Klassenkameraden ganz alleine seine Gefühle verarbeitet. Wäre es nicht wichtig, dass jemand dem weinenden Slackjungen zur Seite steht? Und vielleicht bräuchte der Morf mit den verengten Augen jemanden, dem er sagen kann, weshalb er wütend ist. Börle überlegt für einen Moment, dann fasst er einen Entschluss.

„Ein bunter Kessel!“, sagt er, nachdem er aufgestanden und auf seinen Pilz gestiegen ist. Zuerst versteht er nicht, weshalb seine Klassenkameraden ihn so merkwürdig ansehen. Doch dann fällt ihm ein, dass sie ja gar nicht wissen können, worüber er gerade die ganze Zeit nachgedacht hat.

„Wir sind wie ein bunter Kessel“, meint er, „Ein Kessel voller verschiedener Gefühle. Stellt euch doch mal vor, ich schlage vor, dass wir uns Witze erzählen sollten. Und mir wäre nicht aufgefallen, dass du ...“, Börle deutet mit dem Finger auf den weinenden Slack, „… dass du gerade traurig bist. Oder ich necke dich ein wenig …“ Dieses Mal deutet Börle auf den wütenden Morfen, „und dabei ist dir gerade gar nicht danach, weil du doch eigentlich wütend bist. Das würde ein schönes Durcheinander geben.“ Börle sieht vereinzeltes Nicken unter seinen Klassenkameraden. Schnell erklärt er weiter, damit seine Mitschüler verstehen, worauf er hinauswill:

„Ich finde, es ist gar nicht einfach, zu sehen, wie der andere gerade drauf ist. Und da kann es schon einmal zu blöden Situationen kommen. Viel einfacher wäre es doch, wenn wir direkt wüssten, wie die anderen sich fühlen. Dann könnten wir helfen, wenn sie sich nicht so gut fühlen. Oder wir könnten herausfinden, wer sich gerade genauso fühlt wie wir.“

Börle fällt erst auf, dass Frau Mock die ganze Zeit hinter ihm gestanden hat, als er ihre lobende Stimme hört: „Das ist eine ganz hervorragende Idee, Börle.“ Mit einem Ruck springt Börle von seinem Sitzpilz, denn eigentlich ist es ja auch verboten, darauf zu stehen. Er sieht die Lehrerin schuldbewusst an, doch die geht nicht weiter auf seinen Fehler ein.

„Über Gefühle zu sprechen, ist ganz schön schwierig“, erklärt Frau Mock, „Das fällt nicht nur Kindern, sondern auch Erwachsenen oft sehr schwer. Vor allem, wenn wir traurig oder wütend, ängstlich oder unsicher sind, geben wir es oft nicht gern zu. Manchmal wissen wir es sogar selbst erst dann, wenn unsere Gefühle uns so sehr überschütten, dass wir sie nicht mehr verdrängen können. Doch das ist überhaupt nicht gut für uns. Es ist wirklich wichtig, dass wir selbst wissen, wie wir uns gerade fühlen. Denn nur so haben wir die Möglichkeit, uns gegebenenfalls Hilfe zu suchen oder festzustellen, was uns guttut. Wenn wir andere dann noch an unseren Gefühlen teilhaben lassen, dann haben wir die beste Möglichkeit, um uns schnell wieder wohlzufühlen." Die Lehrerin legt Börle eine Hand auf die Schulter.

„Ich finde es prima, dass du das Thema angesprochen hast, Börle. Ich denke, es sind nicht nur die Erwachsenen, die euch Kindern helfen können, wenn ihr euch unwohl fühlt. Es sind auch Kinder untereinander, die gegenseitig auf sich aufpassen und miteinander sprechen können. Was haltet ihr alle davon, wenn wir uns überlegen, wie wir die Sache mit dem Gefühlskessel hinbekommen können?", fragt Frau Mock.

Börle sieht lauter nickende Gesichter vor sich. Selbst die Schüler, die in diesem Moment nicht besonders glücklich wirken, nicken mit. Vorsichtig hebt sich Walibäres Hand.

„Aber ich mag gar nicht sagen, wenn ich mich nicht wohl fühle. Wenn ich glücklich bin, darf das jeder wissen. Aber ich möchte nicht in der Klasse stehen und sagen, dass ich traurig oder wütend bin", gibt sie zu. Frau Mock nickt und sieht dabei ziemlich beeindruckt aus.

„Jeder von uns kann das gut verstehen, Walibäre", sagt sie, „Wie gesagt, die meisten geben nicht gerne zu, wenn sie sich nicht gut fühlen. Niemand hier kann dir vorschreiben, dass du sagen musst, wenn es dir nicht gutgeht. Doch was würdet ihr davon halten, wenn ihr es zeigt? Natürlich auch nur dann, wenn ihr es möchtet. Manchmal möchte man seine Gefühle auch einfach für sich behalten. Dennoch wäre es dann wichtig, dass ihr selbst wisst, wie ihr euch gerade fühlt. Denn festzustellen, welches Gefühl gerade in euch steckt, ist der erste Schritt. Es ist der erste Schritt, um zu erkennen, was euch glücklich macht, es ist aber auch der erste Schritt, um zu schauen, was ihr ändern müsst, damit ihr wieder glücklich sein könnt. Ob ihr es dann euren Eltern, Mitschülern oder Freunden zeigen mögt, bleibt allein euch überlassen. Ich würde gerne etwas mit euch basteln, was euch genau hierbei hilft. Bei dem, was ich mir gerade denke, könnt ihr das dann ganz einfach für euch einstellen. Was haltet ihr davon?“

Als Börle sich wieder zurück auf seinen Sitzpilz setzt, fühlt er sich stolz. Er hat etwas Wichtiges ins Rollen gebracht, wie er findet. Und dieses wird das erste Gefühl sein, das er einstellen wird, wenn er fertig ist mit dem Basteln.

MITMACHÜBUNG GEFÜHLSZIRKEL BASTELN

Börle hat da einen wirklich wichtigen Punkt angesprochen. Vielleicht hast du schon einmal den Satz gehört, die Gefühle „runterzuschlucken“. Das klingt ein wenig lustig. Wie die Gefühle wohl schmecken, bevor man sie runterschluckt?

Gefühle runterzuschlucken, bedeutet aber natürlich etwas ganz anderes, als sie zu essen. In Wirklichkeit heißt es, dass wir versuchen, unsere Gefühle nicht wahrzunehmen. Wir machen weiter, obwohl wir Angst haben oder wütend sind, wir halten die Tränen zurück, obwohl wir traurig sind, und wir unterdrücken die Freude, weil sie gerade nicht angemessen scheint. Dabei hast du in den letzten Geschichten festgestellt, dass jedes Gefühl eine wichtige Aufgabe hat. Es wäre also viel wichtiger, zu erkennen, wovor wir Angst haben, damit wir daran etwas ändern können. Wir sollten unsere Wut spüren, damit wir für Gerechtigkeit sorgen können, und wir sollten weinen und mit jemandem sprechen, damit die Traurigkeit besiegt wird.

Übung: Zeig deine Gefühle mit dem Gefühlszirkel

Was brauchst du?

Pappe (oder etwas festeres Papier)

Schere

Kleber

Musterklammer

Deine Aufgabe ist es, Ordnung in den Gefühlskessel zu bringen. Börles Lehrerin hatte hierfür eine wirklich gute Idee. Sie hat vorgeschlagen, etwas zu basteln, und das darfst du nun auch tun. Mithilfe eines Smartphones und eines Druckers kannst du dir deinen eigenen Gefühlszirkel ausdrucken. Du wirst die sechs häufigsten Gefühle anhand von Börles Gesichtsausdruck sehen.

Hierbei handelt es sich um

- Angst,
- Ekel,
- Traurigkeit,
- Wut,
- Freude und
- Überraschung.

Natürlich gibt es noch viel mehr Gefühle. Sie alle spielen aber ein wenig in diese große Gruppe der Gefühle hinein. Verunsicherung und Unsicherheit gehören zum Beispiel in den Bereich der Angst, während Stolz zur Freude gehört. So passen alle Gefühle, die du empfinden kannst, in diese sechs übergeordneten Gruppen hinein.

1. Lasse dir beim Ausdrucken der Vorlagen helfen.

2. Wenn alle Gesichter von Börle, der Hintergrund und der Schwanz von Börle gedruckt sind, kannst du die Vorlagen auf Pappe kleben.

3. Anschließend schneidest du alle Teile sorgfältig aus. Die sechs Gesichter kannst du nun jeweils an den Rand des Hintergrundes kleben.

4. Der Schwanz wird in der Mitte des Hintergrundes mit einer Musterklammer befestigt.

Nun hast du immer die Möglichkeit, mit dem Schwanz von Börle – der ja immer in die richtige Richtung zeigt – auf das Gefühl zu deuten, welches du gerade empfindest. Du kannst dir damit deiner eigenen Gefühle bewusst werden, aber sie auch zeigen, wenn du sie nicht aussprechen magst. Vielleicht hängst du dein Gefühlsbarometer an deine Zimmertür. Dann können deine Eltern, Geschwister oder Freunde direkt erkennen, wie dir gerade zumute ist. So hast du immer die Möglichkeit, zu zeigen, wie es dir geht, selbst, wenn du es nicht aussprechen magst.

Bonus

https://bit.ly/3K2vNgw

QR-Code oder Link zu allen Gefühlegeschichten zum Anhören

+ Vorlage für Börles Gefühlszirkel zum Nachbasteln